Kram ist ein Zwerg aus den Minen im Grauen Gebirge. Was ihm an Körpergröße fehlt, macht er mit seiner großen Klappe wett. Doch wenn ein Freund in Not ist, findet Kram immer die richtigen Worte.

Eara stammt von der Insel Hadria, wo das Wissen um die Zauberei weit verbreitet ist. Eines Tages will auch sie eine große Zauberin werden. Bis dahin arbeitet Eara fleißig daran, ihre Fähigkeiten zu erweitern.

Jens Baumeister

Andor Junior – Der Sturm auf die Rietburg

Jens Baumeister

Andor® Junior

Der Sturm auf die Rietburg

KOSMOS

Alle Illustrationen von Michael Menzel
Umschlagsgestaltung von Nakischa Scheibe, Fotografie + Design unter Verwendung einer Illustration von Michael Menzel
Der Erzähltext wurde vermittelt von der Literarischen Agentur Charlotte Larat rights & audio, Strasbourg

MIX
Papier aus verantwortungsvollen Quellen
FSC® C043106

Gedruckt auf chlorfrei gebleichtem Papier.

ISBN: 978-3-440-17144-8
Redaktion: Reni Nürnberger
Lektorat: Janika Krichtel
Produktion: Verena Schmynec
Grundlayout und Satz: DOPPELPUNKT, Stuttgart
Druck und Bindung: Grafisches Centrum Cuno, Calbe
Printed in Germany / Imprimé en Allemagne

Inhalt

Ein neues Kind auf der Rietburg

Die Sonne schien, aber der Tag von Thorn, Kram, Chada und Eara lief trotzdem nicht besonders gut: Sie waren umzingelt!

Die Kinder standen Rücken an Rücken. Sie hatten Schwert, Axt, Bogen und Zauberstab im Anschlag – bereit, sich zu verteidigen. Um sie herum lauerten acht kräftige Erwachsene mit Schwertern. Alle waren größer und erfahrener als die jungen Heldinnen und Helden – und alle blickten drohend auf die Gruppe.

„Was machen wir?“, flüsterte Thorn so leise, dass ihn nur die anderen drei hören konnten. Sein blauer Umhang wehte im Wind und mit dem Schwert hielt er die zwei Kämpferinnen vor sich auf Distanz.

„Hat Eara zufällig einen ‚Ich haue alle Gegner um‘-Zauber im Angebot?“, flachste Kram und schwang seine Axt. „Der käme sehr gelegen.“

Die Zauberin sah aus dem Augenwinkel auf den Zwerg hinab. „Du hast immer noch keine Ahnung, wie Zauberei funktioniert, oder?“

„Wie auch? Bei dir funktioniert sie ja nie“, konterte Kram.

Thorn seufzte. „Ihr beide streitet euch echt immer in den blödesten Momenten. Hat jemand eine Idee, wie wir hier rauskommen?“

„Einem könnte ich einen Pfeil ins Bein schießen", schlug Chada vor. Sie spannte die Sehne ihres Bogens. „Aber eben nur einem."

„Dann gäbe es immerhin eine Lücke", meinte Eara. „Ich könnte Nebel zaubern, durch den wir ungesehen entkommen könnten. Thorn, Kram, könnt ihr sie so lange ablenken?"

„Wenn ich irgendwas kann, dann *das*!", erklärte Kram überzeugt.

Er trat einen Schritt auf die zwei massigen Kämpfer zu, die vor ihm lauerten. „Na ihr? Wer will zuerst Bekanntschaft mit meiner Axt machen?" Die Männer sahen ihn verdutzt an, als könnten sie nicht glauben, dass ein so kleiner Kerl eine so große Klappe hatte.

„Chada, jetzt!", flüsterte Eara.

Chada schoss ihren Pfeil zielsicher auf das Bein einer Gegnerin ab. Als diese fluchend zu Boden ging, streckte Eara ihren Arm nach vorn und bewegte ihn in einem weiten Bogen von links nach rechts. Ein Nebel erschien um die Kinder herum.

„Los, das ist unsere Chance!", rief Thorn. „Ab durch die Lücke!"

In diesem Moment zeigte sich aber, dass der Plan einen Haken hatte: Earas Nebel sorgte nicht nur dafür, dass die Kinder nicht gesehen werden konnten – er sorgte auch dafür, dass sie selbst nichts sahen! Thorn drehte sich auf der Suche nach der Lücke zwischen den Gegnern hilflos im Kreis, Eara stolperte und fiel, und Kram stieß mit etwas zusammen, das sich als Chada entpuppte.

„Autsch, du bist keine Lücke, oder?", fragte der Zwerg.

„Nee", erwiderte Chada. „Und ich hab auch keine Ahnung, wo wir hinmüssen."

Ein Ruf Earas schreckte alle auf. „Achtung, Leute! Ich kann den Zauber nicht länger aufrechterhalten!"

Kaum hatte sie das gesagt, lichtete sich der Dunst auch schon – und es zeigte sich, dass alle Kinder hilflos auf dem Boden hockten. Umgeben von den Erwachsenen, die langsam auf sie zumarschierten!

„Oje – das ist nicht gut, glaube ich", sagte Kram.

Doch im selben Moment huschte etwas mit einer wahnsinnigen Geschwindigkeit an den Kindern vorbei! Sofort schrie eine der Kämpferinnen auf und verzog vor Schmerzen ihr Gesicht. Ein weiterer Kerl – ein riesiger Brocken von einem Mann – jaulte laut und packte sich an den Hintern.

Und so ging es ringsum: All die großen Gestalten zuckten plötzlich zusammen, ließen ihre Waffen fallen und begannen, nach einem unsichtbaren Gegner zu schlagen.

Eara lachte auf. „Das ist Merla!"

Und wirklich: Wenn man genau hinschaute, konnte man sehen, wie die kleine graue Wölfin blitzschnell

zwischen den Angreifern hin und her flitzte. Merla zwickte hier, knabberte dort und war längst wieder fort, bevor einer von ihnen sich wehren konnte.

Auch Kram lachte jetzt. „Lass gut sein, Merla! Wir üben nur! Das ist doch kein richtiger Kampf!"

„Ich glaube, das reicht für heute!", rief Waffenmeister Harthalt so laut, dass jeder ihn hören konnte. Er hatte sich die Übung angesehen und klatschte nun in die Hände.

Die Männer und Frauen aus der Leibgarde zogen sich zurück. Sie lachten, blickten aber auch mit reichlich Respekt zu Merla. Eine von ihnen zog sich Chadas Pfeil aus ihrer Schutzausrüstung und gab ihn der jungen Bogenschützin zurück. „Guter Schuss", lobte sie.

Merla sah das und blickte fragend zu den Kindern. Sie und ihre beiden Brüder hatten den vieren vor einigen Monaten bei ihrem ersten Abenteuer zur Seite gestanden. Jetzt kamen sie regelmäßig zu Besuch auf die Rietburg.

„Alles gut, Merla", wiederholte Kram und kraulte sie hinterm Ohr. „Wir haben nur geübt. Das war nur ein Spiel!"

„Und ihr wart gar nicht so schlecht", lobte König Brandur. Er hatte das Geschehen aus ein paar Meter Entfernung verfolgt.

Sein Sohn Prinz Thorald stand neben ihm und war weniger beeindruckt. „Gar nicht schlecht?! Wenn der Wolf nicht aufgetaucht wäre, hätten die Kinder keine Chance gehabt."

„Diese Kinder haben eine große Übermacht lang auf Distanz gehalten“, widersprach ihm der König. „Und es ist keine Schande, wenn einem Verbündete zu Hilfe kommen. Im Gegenteil: Es spricht für einen, wenn man Freunde hat, auf die man sich verlassen kann.“

Der Prinz machte eine verächtliche Handbewegung. „Pah! In einem richtigen Kampf hätten die Blagen immer noch keine Chance!“

Der König warf ihm einen mahnenden Blick zu. „Ich hoffe, dass du gleich beim Empfang der Abgesandten deine Worte besser wählst.“

Prinz Thorald senkte den Kopf. „Ja, Vater. Natürlich.“

Waffenmeister Harthalt beugte sich zu den Kindern hinab und sagte leise: „Lasst euch von Prinz Thorald nicht ärgern. Das war wirklich schon ganz gut. Bis morgen!“

Harthalt verschwand in Richtung der Ställe und auch der König und sein Sohn gingen wieder hinein.

Thorn sah dem König nachdenklich nach. „Was für einen Empfang hat der König denn gemeint?“, wunderte er sich.

Chada sah ihn überrascht an. „Hast du das nicht mitgekriegt? Wir bekommen hohen Besuch! Eine Diplomatin aus Tulgor reist an."

„Tul-was?", fragte Kram.

„Tulgor", wiederholte Chada. „Das ist das Land hinter dem Fahlen Gebirge, im Westen Andors."

Kram hob die Augenbrauen. „Da ist noch ein Land?"

„Was dachtest du denn, was da ist?", wollte Eara von ihm wissen.

„Keine Ahnung. Bin ja noch nie dort gewesen."

„Das geht den meisten Andori so", sagte Chada. „Und umgekehrt wohl genauso. Das heute Abend ist der allererste offizielle diplomatische Kontakt zwischen Andor und Tulgor! Ich finde das total spannend!"

„Dürfen wir denn da überhaupt hin?", wollte Thorn wissen. „Als Kinder, meine ich."

„Klar! Das ist ja nichts Geheimes. Nur ein offizieller Empfang."

Kram verzog erst das Gesicht und gähnte dann ausgiebig. „Ganz ehrlich: Das klingt nach endlosem Gequatsche und ewigem Stillsitzen."

Thorn grinste. „Aber auch nach gutem Essen! Es ist also nicht alles schlecht daran."

Kram nickte. „Noch besser wäre es, wenn das Essen jetzt gleich anfinge. Ich hätte nichts dagegen, wenn dafür der

Unterricht heute ausfiele. Was soll ich denn als Kämpfer mit Mathe anfangen? Meine Gegner zu Tode rechnen?“

„Du weißt nie, wann du es mal brauchst“, warf Chada ein. „Es gibt da eine Sage von einem Brunnengeist, der angeblich jedem, den er in seine Fänge bekommen hat, ganz schwere Rechenaufgaben gestellt hat. Nur wer sie lösen konnte, kam wieder frei.“

Kram streichelte Merla, die zwischen seinen Füßen herumtollte, und verzog nachdenklich das Gesicht. „Ich glaube, ich halte mich ab jetzt lieber von Brunnen fern …“

Der Unterricht wurde von Casimir geleitet, einem schlanken Mann mit dunklen Haaren. Eigentlich war er für die Nachrichtenfalken der Burg zuständig – dressierte Greifvögel, mit denen man pfeilschnell Botschaften verschicken konnte. Aber seit so viele Kinder auf die Rietburg gezogen waren, hatte Casimir auch noch das Amt des Lehrers übernommen. Schließlich war er ein Gelehrter und damit einer der wenigen auf der Burg, die rechnen und schreiben konnten.

Das Klassenzimmer befand sich im Westflügel der Burg, direkt neben der Westmauer. Diese war die steilste und höchste Mauer der Rietburg und galt deswegen als unbezwingbar. Und nur aus den Fenstern des Schulraums konnte man über die Mauer blicken – man hatte einen atemberaubenden Blick über die Landschaft bis hin zum Fahlen Gebirge, hinter dem

sich das fremde Land Tulgor verbarg. Das Land, aus dem gleich eine Abgesandte anreisen würde. Die jungen Helden waren alle furchtbar aufgeregt, auch wenn keiner von ihnen es sich anmerken lassen wollte.

Die tolle Aussicht und die Neugierde auf den Abend sorgten dafür, dass die Gedanken aller vier Kinder immer wieder abschweiften, weg von Grammatik und Kopfrechnen. Casimir tat sein Bestes, aber als aus dem Hof Fanfarenklänge in den Klassenraum drangen, gab er lachend auf: „Ich sehe schon – an

Unterricht ist bei euch heute nicht zu denken. Also los! Raus mit euch! Eure Hausaufgabe ist es, bis morgen möglichst viel über Tulgor in Erfahrung zu bringen!"

Eara sah erstaunt zu ihrem Lehrer auf. „Aber es wäre doch total unhöflich, wenn wir der Abgesandten einfach so Löcher in den Bauch fragen!", warf sie ein.

„Der Abgesandten vielleicht nicht", bestätigte Casimir. „Aber ihrer Tochter."

„Die hat eine Tochter?!", rief Kram.

„Ja, natürlich." Der Lehrer hob verwundert die Augenbrauen. „Hat euch das niemand gesagt? Sie müsste sogar ungefähr in eurem Alter sein."

Nach diesen Worten hielten es die Kinder nicht mehr aus und sprangen von ihren Plätzen auf. Ein neues Kind auf der Burg? Das mussten sie sehen – und zwar sofort!

Unerwartete Gefahr

„Ich seh gar nichts!“, beschwerte sich Kram, als sich die Kinder einen Weg durch die Menge bahnten. „Das ist unfair, dass alle anderen so viel größer sind.“

Zur Ankunft der Abgesandten hatten sich furchtbar viele neugierige Menschen aus den umliegenden Dörfern auf der Burg eingefunden. So viele, dass es für die Kinder einfach unmöglich war, einen Blick auf die Neuankömmlinge zu erhaschen.

„Kommt, wir gehen schon mal in die große Halle“, schlug Thorn vor. „Da ist gleich das Festessen – und dann haben wir sowieso einen der besten Plätze und können sie ganz in Ruhe anschauen!“

Die Kinder hatten bei allen Mahlzeiten einen eigenen Tisch, der ganz in der Nähe des Tischs stand, an dem König Brandur und Prinz Thorald saßen. Sie würden also die Abgesandte und ihre Tochter sicherlich gut sehen.

Als die vier Kinder die Halle betraten, war diese bereits festlich geschmückt: Fahnen hingen von der Decke, Blumengirlanden ringelten sich um die Geländer, und die Flammen zahlloser Kerzen verbreiteten ein warmes Licht.

Die Kinder waren die Ersten, die die Halle betraten. Doch innerhalb weniger Minuten füllte sie sich, als die Leute vom

Burghof hereinströmten. Endlich kam auch König Brandur hinzu. Links von ihm ging Prinz Thorald und rechts von ihm eine Frau in einem dunklen Umhang.

Eine große, dunkelgraue Kapuze verdeckte ihr Gesicht vollständig. Sie sagte etwas zum König, der daraufhin sehr ernst schaute.

„Wer ist denn das?!", wunderte sich Thorn.

„Das muss Reka sein!", rief Chada begeistert. „Reka die Kräuterhexe! Ich habe schon wahnsinnig viel über sie gelesen!"

Kram runzelte die Stirn. „Reka? Ich dachte, die sei nur eine Legende."

„Von wegen!", erwiderte Chada. Ihre Wangen glühten rot vor Begeisterung. „Reka ist die mächtigste Hexe in ganz Andor. Aber sie ist auch sehr geheimnisvoll: Niemand weiß, wo sie als Nächstes sein wird. Sie hat kein festes Zuhause, sondern zieht immer kreuz und quer durchs Land. Man sagt, sie werde nur von denen gefunden, von denen sie gefunden werden will."

„Hexe?", fragte Thorn nach. „Heißt das, sie kann zaubern wie du, Eara?"

Die Angesprochene schüttelte den Kopf. „Sie ist eine *Kräuter*hexe. Das heißt, sie kann Tinkturen und Tränke brauen. Sie kann Kranke heilen oder dir etwas geben, wenn du dich schwach fühlst."

„Aber was macht sie dann hier?", wunderte sich Thorn. „Hier ist doch niemand schwach oder krank, oder?"

„Psst", zischte Eara. „Da kommt die Abgesandte!"

Die Kinder sahen neugierig zu den beiden großen Flügeltüren. Dort betrat gerade eine hochgewachsene Frau den Saal.

Sie hatte schwarze Haare und dunkelbraune Haut und trug festliche Gewänder in einem eleganten Schnitt. Diese waren ganz anders als die Kleider, die die Kinder aus Andor kannten. Neben ihr ging ein ebenso festlich gekleidetes Mädchen, das wohl ungefähr zwölf Jahre alt war. Auch sie hatte dunkle Haut und schwarze Haare. Ihre braunen Augen blickten furchtbar ernst.

„Das muss ihre Tochter sein", flüsterte Thorn.

„Ach nee!", kommentierte Kram. Er rollte mit den Augen.

„Gut, dass du das sagst. Sonst hätte ich noch gedacht, es sei ihre Oma."

König Brandur stand vor seinem Thron und begrüßte den hohen Gast: „Abgesandte Nelímar, willkommen in Andor!"

Die Dame aus Tulgor nickte freundlich. „Vielen Dank, Majestät. Ich hoffe, dass dies der Beginn einer tiefen Freundschaft zwischen unseren Ländern ist."

Nachdem sich alle gesetzt hatten, folgten genau die langen Reden, die Kram befürchtet hatte. Jeder bei Hof schien die Gäste begrüßen zu müssen, und die Dankesworte wollten gar kein Ende nehmen. Zu allem Überfluss zog nach und nach auch noch der Duft der Speisen aus der Burgküche zu ihnen herüber, sodass Krams Magen plötzlich sehr laut knurrte.

Es wurde still und alle im Saal sahen überrascht auf den Zwerg. Der schaute zu seinem Bauch hinunter und schimpfte gespielt streng: „Aus! Ich hab dir doch gesagt, dass du dich bis nach den Ansprachen gedulden musst!"

Der ganze Saal brach in Gelächter aus, und auch König Brandur und die Abgesandte Nelímar konnten nicht mehr ernst bleiben.

„Ich glaube, das war ein gutes Schlusswort", lachte der König. „Es wird Zeit, dass wir das Festmahl eröffnen!"

Während das Essen hereingetragen wurde, lenkte etwas die Aufmerksamkeit der Kinder auf sich: Die Tochter der Abgesandten stand auf und kam zu ihnen an den Tisch.

„Hallo! Ist bei euch noch Platz?“, fragte sie.

„Klar!“, antwortete Thorn, und rückte auf der Bank ein Stück zur Seite. „Ich bin Thorn.“

Auch Eara, Chada und Kram stellten sich ihr vor.

„Und wie heißt du?“, fragte Chada sie.

Das Mädchen aus Tulgor sagte etwas, das wie „Ack“ klang.

„Ack?“, fragte Kram sicherheitshalber noch einmal nach.

„Ja, es wird ‚Ack‘ ausgesprochen, aber es wird anders geschrieben, als ihr jetzt wohl denkt: Erst ein A, dann ein C mit einem Akzent, und dann ein H. Also: Aćh.“

„Ach“, sagte Kram.

„Nein, Aćh“, sagte Aćh.

„Ach, Aćh!“, erwiderte Kram verstehend und lachte.

Aćh schüttelte grinsend den Kopf. „Machst du etwa Namenswitze? Ich finde, das ist ziemlich alberner Kram.“

Kram zog verwundert die Augenbrauen hoch und starrte Aćh einen Moment lang an. Dann lachte er laut und anerkennend. „*Alberner Kram* – der ist gut! Willkommen auf der Rietburg!“

„So, lasst es euch nun schmecken!“, rief eine Stimme in ihr Gespräch. Sie gehörte der Wirtin Gilda. Sie hatte gerade den letzten Teller auf den Tisch gestellt. Gilda war eine kräftige

Frau mit roten Haaren. Eigentlich arbeitete sie nicht auf der Burg, denn sie besaß eine Taverne im Dorf. Aber bei festlichen Anlässen half sie gern in der Küche aus.

Die Kinder ließen sich nicht zweimal bitten. Es sah aber auch wirklich alles verdammt lecker aus, was da direkt vor ihnen stand: dampfende Würstchen, frisch gebackenes Brot, eine große Schüssel Kartoffelbrei und noch vieles mehr!

„Sag mal, Aćh", sagte Chada, während sie sich etwas Kartoffelbrei auf ihren Teller füllte, „kannst du uns ein bisschen was über Tulgor erzählen? Das ist unsere heutige Hausaufgabe."

Aćh schüttelte bedauernd den Kopf. „Ich hab jetzt leider gar keine Zeit. Ich wollte nur schnell Hallo sagen. Ich bin schon so gut wie weg. Ich muss noch was Dringendes erledigen."

Mit diesen Worten schnappte sich Aćh das Brot, das sie sich geschmiert hatte, und stand auf. „Tut mir leid. Vielleicht ein andermal! Tschüss, und schönen Abend noch!"

Die Kinder beobachteten, wie Aćh noch kurz zu ihrer Mutter ging, sich auch von ihr verabschiedete und dann den Saal verließ.

„Was war das denn?", wunderte sich Thorn.

„Irgendwas ist da komisch", erklärte Kram überzeugt. „Sie ist doch gerade erst angekommen! Was hat sie denn da jetzt schon zu erledigen?"

Eara und Chada nickten zustimmend. Kram hatte recht: Irgendwas war da sehr komisch. Aber heute würden sie wohl nicht mehr herausfinden, was das war. Darum aßen sie erst einmal weiter und genossen das Fest, das bis in den Abend hinein dauerte. Die Kinder durften extra lang aufbleiben.

Allerdings fiel Chada irgendwann auf, dass der König nicht ganz bei der Sache zu sein schien. Er bemühte sich zwar, es zu verbergen, aber dann und wann nahm sein Gesicht wieder diesen besorgten Ausdruck an. Dann beriet er sich jedes Mal leise mit der Hexe Reka.

Worüber sie wohl sprechen, fragte sich Chada.

Was Chada da noch nicht wusste: Die Antwort auf diese Frage würde sie schon am nächsten Morgen bekommen …

Kurz nach Sonnenaufgang wurden die Kinder überraschend durch laute Signaltrompeten geweckt. Ein Herold stand im Burghof und rief alle Bewohnerinnen und Bewohner der Burg dazu auf, sich in der großen Halle zu versammeln.

Thorn kletterte verschlafen aus dem Bett und sah nachdenklich zu Kram, mit dem er sich das Zimmer teilte. „Das bedeutet nichts Gutes, oder?“, fragte er mit heiserer Stimme.

Kram schüttelte den Kopf, von dem ihm die Haare in alle Richtungen abstanden. „Beim letzten Mal, als König Brandur so etwas gemacht hat, war der Drache Tarok auf direktem Weg ins Rietland. So schlimm ist es diesmal hoffentlich nicht.“

Auf dem Flur trafen sie auf Eara und Chada, die auch gerade aus ihrem gemeinsamen Zimmer kamen und genauso besorgt aussahen wie die Jungen.

Trotz der Unsicherheit war es ein erhebendes Gefühl, dass sie jetzt ganz offiziell bei dieser Versammlung dabei sein durften. Beim letzten Mal, als der Drache das Land bedroht hatte, hatten die Kinder noch erfolglos versucht, sich in den Saal zu schleichen.

Dort hingen noch die Flaggen und Girlanden vom Vortag. Die Kerzenständer waren weggeräumt, die Tische an eine Seite getragen und die Stühle standen in langen Reihen. An einer Seite des Saals war eine niedrige Bühne aufgebaut, auf der König Brandur auf seinem Thron saß. Auf verzierten Stühlen neben ihm saßen Prinz Thorald und die Hexe Reka. Ach und ihre Mutter saßen nahe der Bühne, sahen aber genauso ratlos aus wie alle anderen.

Der König stand auf, gab aber der Menge ein Zeichen, dass sie sitzen bleiben sollte. Er sah müde aus, so als hätte er nicht viel geschlafen. Dabei war er doch als Erster von dem Fest verschwunden.

„Ich habe gestern Abend von Reka schlechte Nachrichten bekommen“, begann er ernst. „Reka, vielleicht mögt Ihr die Botschaft selbst verkünden?“

Die Hexe nickte und stand auf. Unter der Kapuze war ihr Gesicht kaum auszumachen. Man konnte nicht einmal schätzen, wie alt sie genau war.

„Der böse Magier Varkur ist anscheinend wieder aktiv“, erklärte Reka ernst.

Die Kinder erschraken. Varkur war der Mann, der seinerzeit den Drachen Tarok ins Rietland hatte lenken wollen, um die Burg zu zerstören.

„Er hat sich in der Nähe des Grauen Gebirges mit den Skralen verbündet“, fuhr Reka fort.

Ein Raunen ging durch die Menge und manch einer schlug sich erschrocken die Hand vor den Mund.

„Den *was*?“, fragte Thorn leise.

„Du weißt nicht, was Skrale sind?“, wunderte sich Kram. Auch er sah sehr erschrocken aus. „Du Glücklicher!“

„Skrale sind finstere Kreaturen. Sie sehen ein bisschen aus wie Menschen mit Echsenhaut und einem Echsenschwanz“, erklärte Chada. „Sie können über zwei Meter groß werden und sind wahnsinnig stark.“

„Und leider auch nicht so blöd wie die Gors“, fügte Kram hinzu.

„Und sie können sich mit lauten Rufen über weite Strecken verständigen“, warf Eara noch ein.

Kram schüttelte sich. „Die Rufe sind nicht nur laut, sondern auch wahnsinnig gruselig. Wenn du die nachts durchs Gebirge hallen hörst, denkst du, gleich kommt einer von denen durchs Fenster geklettert und schnappt dich!“

Ein lautes Räuspern unterbrach ihn. Die Kinder blickten auf und sahen, dass der König vorwurfsvoll in ihre Richtung schaute. Sie duckten sich und schwiegen. Thorn hatte aber auch schon genug erfahren: Er wusste nun, dass Skrale etwas ganz schön Böses waren. Und dass sie sich jetzt mit dem Magier Varkur verbündet hatten, war eine noch viel schlimmere Nachricht.

„Zum Glück hat Reka uns rechtzeitig benachrichtigt“, ergriff König Brandur wieder das Wort. Das Gemurmel verstummte.

„Wenn wir sofort aufbrechen, können wir noch vor den Skralen am Fluss sein und ihnen den Weg über die Brücken abschneiden. Dann haben sie keine Chance, in die Nähe der Burg zu kommen."

Thorn atmete auf. Das klang nach einem guten Plan. Er wusste aus eigener Erfahrung, wie reißend der Fluss Narne war. Wenn der König verhindern konnte, dass die Skrale über die Brücken kamen, wäre die Gefahr gebannt!

„Darum werde ich mit meinen fähigsten Leuten sofort zur Narne ziehen, um Varkurs Marsch dort aufzuhalten", erklärte Brandur weiter. „Waffenmeister Harthalt ist schon dabei, alles vorzubereiten." Er sah in die Runde. „Eine so große Unternehmung braucht natürlich auch Menschen, die sich um die Versorgung kümmern: Essen, Trinken, Kleider waschen und so weiter. Wenn es dafür Freiwillige gibt …"

Die restlichen Worte des Königs waren nicht mehr zu verstehen, weil sich sofort fast alle Leute aus dem Dorf meldeten, um zu helfen.

König Brandur nickte ihnen zu und machte eine Geste, um die Menge zu beruhigen. „Vielen Dank. Ich bitte darum, euch bei Gilda zu melden. Sie wird die Aufgaben zuteilen."

Er sah zu Aćhs Mutter. „Als Abgesandte Tulgors sind Sie eingeladen, mitzukommen, ohne sich an den Kämpfen selbst zu beteiligen, wenn Sie dies wünschen. Ich würde natürlich für Ihre Sicherheit garantieren."

Aćhs Mutter besprach sich kurz mit ihrer Tochter, dann nickte sie. „Einverstanden, Majestät. Ich werde mit euch kommen.“

Der König wandte sich nun an Prinz Thorald. „Mein Sohn …“

„Ich bin geehrt, an deiner Seite zu kämpfen, Vater“, unterbrach ihn der Prinz.

„Das ist nicht das, was ich sagen wollte“, erwiderte Brandur. „Du wirst nicht mitkommen. Stattdessen wirst du die Burg in meiner Abwesenheit befehligen.“

Maßlose Enttäuschung machte sich in Prinz Thoralds Gesicht breit. „Die Burg befehligen?! Aber hier ist doch nichts und niemand!“

Brandur deutete auf die Kinder. „Hier werden noch die Heldinnen und Helden von morgen sein. Und unten im Dorf werden noch einige Menschen zurückbleiben. Die zählen ebenfalls auf dich.“

„Ja, aber hier ist doch nichts los! Der Kampf ist doch ganz woanders! Wie soll ich mir denn so Ruhm und Ehre verdienen?!“

Der König schüttelte den Kopf. „Ruhm und Ehre gewinnt man nicht nur, indem man in den Kampf zieht, mein Sohn. Es wird Zeit, dass du das lernst.“

Der König wandte sich von ihm ab und gab der Menge ein Zeichen, dass die Versammlung beendet war. Bei dem Lärm, den die Leute beim Gehen machten, hörten nur die Kinder, wie der Prinz frustriert fluchte: „Toll! Alle ziehen ins Abenteuer, nur ich soll den Kindergärtner spielen! Pah!“

Thorn, Eara, Chada und Kram warfen sich vielsagende Blicke zu. Ihnen war klar, dass es mit Thorald allein auf der Burg keine besonders schöne Zeit werden würde.

Eine unvorhergesehene Begegnung

Schon zwei Stunden später sammelte sich der Trupp des Königs, um in Richtung Narne zu ziehen. Die Kinder standen in einer Ecke des Burghofs und entdeckten viele bekannte Gesichter in der Menge: Gilda, Chadas Adoptivmutter, Reka und natürlich auch den Waffenmeister Harthalt.

Thorns Eltern waren auch dabei. Er lief zu ihnen und umarmte sie.

„Passt ihr auch gut auf euch auf?“, fragte er nervös.

„Wir kämpfen ja nicht“, beruhigte ihn sein Vater. „Wir kümmern uns nur darum, dass alle genug zu essen haben.“

Seine Mutter fügte noch hinzu: „Und wenn alles so funktioniert, wie der König es sich vorstellt, muss überhaupt niemand kämpfen. Dann blockieren wir den Skralen einfach nur den Weg über den Fluss.“

Thorn hoffte sehr, dass der Plan funktionieren würde.

Dann setzte sich der Zug aus Menschen und Pferden in Bewegung. Thorn lief wieder zurück zu Eara, Chada und Kram. Sie standen gerade am Fuß des hohen Turms, in dem die königlichen Falken untergebracht waren, und sahen zu, wie die Menge durch das Tor verschwand. Zu ihren Füßen spielten die drei Wolfswelpen Lonas, Merla und Rutan.

Plötzlich baute sich Prinz Thorald vor der Gruppe auf und

versperrte ihnen den Blick. Rutan knurrte, doch Eara tätschelte ihn beruhigend.

Der Prinz verkündete: „So, ihr Kleinzeug! Ihr habt ja gehört, was mein Vater gesagt hat: Ab jetzt habe ich hier das Sagen! Und deshalb werden sich für euch ein paar Sachen ändern. Nummer eins: Casimir ist mit meinem Vater mitgezogen. Das heißt: Schule ist für euch gestrichen!"

„Super!", freute sich Kram.

Doch der Prinz war noch nicht fertig. „Nummer zwei: Kampftraining gibt es auch keines mehr. Das ist bei Schwächlingen wie euch sowieso Zeitverschwendung. Stattdessen könnt ihr euch endlich mal nützlich machen! Drüben in den Burgwerkstätten hängt eine Liste mit Aufgaben. Die arbeitet ihr ab. Wenn ihr damit fertig seid, meldet ihr euch, und es gibt eine neue Liste!" Dann klatschte der Prinz in die Hände und grinste. „Also los! An die Arbeit!"

Damit ließ er sie stehen und marschierte zu zwei hochgewachsenen Wachsoldaten hinüber, die zu der Einheit gehörten, die ebenfalls zurückbleiben sollte.

Die Kinder sahen sich enttäuscht an.

„Ich hab ja gedacht, Schule ist nervig – aber Prinzen-Putzdienst ist noch nerviger", erklärte Kram.

„Der ist immer noch sauer auf uns, weil wir die Rietburg vor dem Drachen gerettet haben und nicht er", meinte Chada und sah dem Prinzen böse hinterher.

„Mir egal, warum der das macht – ich sehe auf jeden Fall nicht ein, warum wir hier jetzt alles schrubben sollen", brummte Thorn.

„Schauen wir uns erst einmal diese Liste an", schlug Eara vor. „Vielleicht ist die ja gar nicht so schlimm."

Kurz darauf standen die Kinder mit den Welpen in der Burgwerkstatt und überflogen das Papier, das der Prinz für sie vorbereitet hatte. Es standen viele Aufgaben darauf. Sehr viele sogar.

„Nee, die Liste ist wirklich nicht schlimm", verkündete Kram düster. „Die ist schlimmer als schlimm."

Eara seufzte. „Ob es uns gefällt oder nicht: Im Moment hat der Prinz hier das Sagen. Das hat der König selbst so bestimmt. Das heißt, wenn Thorald will, dass wir blöde Arbeiten machen, dann müssen wir blöde Arbeiten machen."

„‚Den Dachboden des Palas fegen'?!", las Chada ungläubig vor. „Wen interessiert es denn, ob da oben Staub liegt?"

„‚Leim in den Werkstätten anrühren'?", schaute sich Kram den nächsten Punkt an. „Igitt! Da bin ich raus!"

„‚Burgkeller aufräumen'", setzte Thorn die Liste fort. „Nee, wie öde."

„Ich hab eine Idee", sagte Eara. „Kram und ich kümmern uns um den Staub, und ihr beide" – sie deutete auf Chada und

Thorn – „manscht mit dem Leim rum. Danach sehen wir weiter. Einverstanden?“

Thorn rümpfte die Nase. „Na gut. Meinetwegen.“

Chada nickte. „Einverstanden.“

Kram seufzte. „Dann mal an die Arbeit!“

Das Leimanrühren war tatsächlich eine ziemlich eklige Sache. In einem Nebenraum der Werkstätten lag ein Haufen stinkender Abfälle, die dafür ausgekocht werden mussten. Vor allem Fischreste aus der Küche waren darunter. Thorn hielt sich die Nase zu, als sie in die Nähe davon kamen, und Lonas weigerte sich, auch nur eine Pfote in den Raum mit dem Müll zu setzen.

„Bäh! Wofür braucht Prinz Thorald denn überhaupt so viel Leim? Was will der denn alles zusammenkleben?“

„Den braucht er, glaube ich, gar nicht“, meinte Chada. „Die Burghandwerker benötigen zwar immer mal wieder Leim, aber die sind ja gerade fast alle nicht da. Der Prinz hat nur etwas gesucht, womit er uns ärgern kann.“

„Dann ist es wohl am besten, wenn wir uns einfach nicht ärgern lassen“, überlegte Thorn. „Auch wenn das gar nicht so einfach ist.“

Im Hauptraum der Werkstatt stand ein gewaltiger Bottich. Zu dem schleppten die beiden nach und nach all die müffelnden Abfälle und warfen sie hinein, um sie in Wasser auszukochen und daraus den klebrigen Leim zuzubereiten.

„Wenn das hier fertig ist, suchen wir uns aber die einfachste Aufgabe von der Liste aus, ja?“, schlug Thorn vor. „Das haben wir uns verdient.“

„Einverstanden“, antwortete Chada lachend.

Auch Eara und Kram waren oben auf dem Dachboden alles andere als begeistert von ihrer Aufgabe.

„Ich glaube, hier hat noch nie jemand auch nur daran gedacht, einen Besen zu schwingen“, brummte Kram. Er beobachtete, wie Merla und Rutan über den Boden tapsten und dabei sehr deutliche Pfotenabdrücke im Staub hinterließen. Es sah fast aus, als wären sie durch eine dünne Schicht Schnee gelaufen.

„Wozu auch?“, meinte Eara. „Hier kommt ja nie jemand her.“ Sie sah aus einem der kleinen Dachfenster. „Aber die Aussicht von hier oben ist wirklich schön. Man kann bis hinüber zum alten Signalturm sehen.“

„Von der Aussicht haben wir aber nix, wenn wir putzen müssen“, grummelte Kram.

„Wenn wir schnell genug sind, vielleicht hinterher schon noch“, erwiderte Eara und begann mit dem Fegen.

Doch das Saubermachen dauerte lange – viel länger, als sie gedacht hatten. Sosehr sie auch fegten: Der Staub schien einfach nicht weniger zu werden.

Schließlich fragte Kram genervt: „Hast du

nicht irgendeinen Zauber, mit dem wir das beschleunigen können? So was, das den Besen von allein fegen lässt oder so?"

Eara schüttelte entschieden den Kopf. „Ein Besen, der sich von allein bewegt, wäre keine Zauberei, sondern Magie."

„Schon klar, ich erinnere mich", brummte der Zwerg. „Zauberei verstärkt das, was da ist. Magie zwingt zusammen, was nicht zusammengehört. Und Besen können sich nicht von allein bewegen, darum kriegt man das mit Zauberei nicht hin."

„Ganz genau", bestätigte Eara. „Ich hab mal eine Geschichte gehört, in der ein Magier versucht hat, Besen durch die Gegend laufen zu lassen – und das ging gar nicht gut aus."

„Und was ist mit diesem Kristall von dir?"

Eara wusste sofort, was für einen Stein Kram meinte. Sie hatte ihn beim letzten Abenteuer der vier in der uralten Höhle des Riesenkraken gefunden. Bis heute wusste sie nicht genau, was es mit ihm auf sich hatte, aber er schien ihre Zauberfähigkeiten zu verstärken.

„Ich habe keine Ahnung, wie dieser Stein mir beim Zaubern hilft", sagte sie. „In Hadria bringen sie uns schon ganz früh bei, dass wir nur Hilfsmittel benutzen sollen, die wir auch verstehen. Es kann gefährlich sein, wenn man mit Mächten hantiert, die man nicht kontrollieren kann."

„Also gut, dann eben keine Zauberei“, seufzte Kram. „Ich weiß nur nicht, wie wir das hier hinkriegen sollen. Ich hab das Gefühl, wir schieben den Staub nur hin und her: Wenn ich ihn an einer Stelle wegfege, setzt er sich an einer anderen sofort wieder ab. Das können wir noch bis in alle Ewigkeit so machen, bis wir beide alt und grau sind.“

Eara überlegte kurz. „Warte mal! Ich hab da auch ohne Kristall eine Idee für einen kleinen Zauberspruch, der uns helfen könnte …“

Unten warfen Thorn und Chada gerade die letzte Ladung Abfälle in den großen Bottich.

„So“, erklärte Chada, „das muss jetzt noch eine Weile kochen, und danach haben wir den besten Klebstoff, den man sich nur vorstellen kann.“

Sie hatte das kaum gesagt, da hörten die beiden ein Rauschen wie von einem gewaltigen Sturm. Einen Moment später ertönten entsetzte Schreie.

„Das … sind doch Eara und Kram!“, rief Chada und rannte nach draußen. Thorn folgte ihr.

Doch kaum waren sie draußen, war alle Sorge vergessen. Als sie sahen, woher Krams und Earas Stimmen kamen, mussten sie furchtbar lachen.

Mitten im Burghof stand eine große Linde. Und hoch oben in deren Krone hingen nun Eara und Kram fluchend in den

Ästen! Ein kleines Stück unter ihnen klammerten sich Merla und Rutan an Zweige und sahen wirklich sehr vorwurfsvoll zu Eara hoch.

„Wie seid ihr denn *dahin* gekommen?“, wollte Thorn wissen, als er sich wieder einigermaßen unter Kontrolle hatte.

Kram erklärte ihm sauer: „Eara wollte einen ‚kleinen‘ Zauberspruch ausprobieren, um den Dachboden zu säubern.“

„Es war ein ganz simpler Windzauber, der den Staub fortblasen sollte!“, verteidigte sich die junge Zauberin.

„Das hat er auch geschafft“, fügte Kram hinzu. „Und uns hat er gleich mit weggeweht.“

Rutan gab ein Jaulen von sich, das wohl so viel heißen sollte wie: „Uns auch!”

Chada unterdrückte ein Lachen. „In der Werkstatt steht eine Leiter“, verkündete sie. „Ich hol die mal eben!“

Während sie darauf warteten, dass Chada zurückkam, schlug Thorn vor: „Wir haben überlegt, dass wir uns gleich gemeinsam ans Kelleraufräumen machen könnten. Was meint ihr?“

„Gern“, erwiderte Kram. „Aus Kellern kann man wenigstens nicht rausgepustet werden …“

Ein paar Minuten später hatten sich Eara, Kram und die Welpen aus ihrer misslichen Lage befreit und die Gruppe machte sich auf den Weg in den Keller der Burg.

„Sagt mal, findet ihr es nicht auch komisch, dass Aćh nicht

bei diesen Arbeiten mithilft?", fragte Kram, während sie die schmale Holztreppe in die Gewölbe hinabstiegen.

„Sie ist hier doch zu Gast", meinte Eara. „Ist doch logisch, dass da andere Regeln gelten."

„Außerdem ist der Prinz sauer auf *uns* und nicht auf sie", fügte Thorn hinzu.

Chada grinste. „*Noch* nicht. Wie ich Prinz Thorald kenne, findet der ganz schnell etwas, weshalb er auch auf Aćh wütend sein kann."

„So, da wären wir." Thorn hielt eine Fackel hoch, um den schmalen Kellerflur auszuleuchten. Die Decke war niedrig und die Wände bestanden aus großen, klobigen Steinblöcken. „Ich würde sagen, wir fangen dahinten an." Er deutete auf eine Holztür am Ende des Ganges.

Die Kinder liefen los, doch als sie nur noch wenige Meter von der Tür entfernt waren, begann Rutan plötzlich zu knurren.

„Was hat er denn?", fragte Thorn verwundert.

„Keine Ahnung", erwiderte Eara, „aber normalerweise macht er das nicht ohne Grund."

„Wir sollten lieber vorsichtig sein", meinte Chada leise.

Schritt für Schritt näherten sie sich der Tür und jetzt stellten auch Lonas und Merla ihre Nackenhaare auf und knurrten.

„Psst", ermahnte Chada die Welpen. „Seid ganz still, sonst hört man uns."

Einen Moment lang standen die Kinder unschlüssig im Flur. Dann schlug Kram unsicher vor: „Meint ihr nicht, wir sollten uns irgendwelche Waffen holen?“

„Wir haben doch Lonas dabei“, sagte Thorn. „Der ist besser als jede Waffe.“

Damit hatte Thorn nicht unrecht: Wie seine Geschwister war auch Lonas ein Zauberwolf. Seine Fähigkeit war die, dass

er sich für kurze Zeit viel, viel größer machen konnte. So groß, dass er fast jeden Gegner in die Flucht schlug, ohne ihn wirklich angreifen zu müssen. Mit Lonas an ihrer Seite konnte ihnen tatsächlich nicht viel passieren.

„Auf ‚drei' stoßen wir die Tür auf", flüsterte Eara. „Eins, zwei … drei!"

Thorn trat gegen die Tür, die daraufhin aufflog, und sofort postierten sich alle vier Kinder in ihrem Rahmen. Die Wolfswelpen standen mit gespitzten Ohren zwischen ihren Füßen.

Der vor ihnen liegende Raum befand sich an einer der Außenmauern der Burg. Durch schmale Fenster drang nur wenig Tageslicht herein. Und da, in einer Ecke, schräg gegenüber von den Kindern, blickte sie eine Gestalt an, die kaum größer war als sie selbst.

Im ersten Moment dachte Kram, es sei irgendein Kind aus dem Dorf, doch dann sah er genauer hin und bemerkte die schuppige Haut.

„Das …", stammelte Kram, „… das ist ein Skral!"

Vertrauen oder nicht?

Tatsächlich: Das da vor ihnen war eindeutig ein Skral. Eine der furchterregendsten Kreaturen, die es in ganz Andor gab! Eines der Wesen, die gerade unter der Führung des bösen Magiers Varkur in Richtung Rietland marschierten!

Der Skral hatte eine rötliche Echsenhaut mit Schuppen und trug ein sackartiges, hellbraunes Gewand, aus dem hinten ein langer Echsenschwanz hervorlugte.

Er sah noch sehr jung aus – wie ein Kind, ungefähr im selben Alter wie Eara, Chada, Kram und Thorn. Aber er war ein Skral.

Die drei Wolfswelpen beäugten ihn misstrauisch, und auch die Kinder hielten vorsichtig Abstand und ließen den Skral nicht aus den Augen.

„Was machen wir jetzt?“, fragte Kram.

„Wir dürfen ihn nicht entkommen lassen“, mahnte Thorn.

„Vielleicht ist er nicht allein“, warnte Eara.

„Wir sollten Prinz Thorald holen!“, schlug Chada vor.

„Hallo“, sagte der Skral.

Die vier verstummten. Damit hatten sie nicht gerechnet.

„Ich heiße Forn“, fuhr der Skral fort. Er sprach langsam, aber sehr deutlich, und jetzt fiel den Kindern auch auf, dass er strahlend blaue Augen hatte. „Ich bin elf Jahre alt. Und ich bitte euch: Geht nicht zu Prinz Thorald. Ich fürchte mich vor ihm.“

Kram fasste sich als Erster wieder. „Das solltest du auch! Der Prinz ist zwar ein Depp, aber er kann ganz gut kämpfen.“

„Aber ich will doch gar nicht kämpfen“, antwortete Forn. „Ich bin euer Freund.“

Die Kinder sahen sich überrascht an. Ein Skral, der behauptete, ihr Freund zu sein?

„Stopp mal“, meinte Thorn. „Deine Leute wollen uns mit einem bösen Magier angreifen. Der König ist losgezogen, um sie am Fluss aufzuhalten. Und du behauptest, dass du unser Freund bist?“

„Das ist es doch gerade!“, erklärte der Skral-Junge. „Da ist kein Heer am Fluss! Jedenfalls kein riesengroßes. Das ist ein Trick von Varkur! Er hat einen Zauber benutzt, damit es so aussieht, als ob da ganz viele Skrale wären.“

„Pah, Unsinn!“, rief Kram. Er glaubte dem Skral kein Wort. „Warum sollte Varkur so etwas denn machen?“

Doch Eara runzelte nachdenklich die Stirn. „Das ergibt

schon Sinn“, sagte sie. „Überlegt doch mal: Was ist passiert, als der König von den Skralen am Fluss gehört hat?“

„Na ja“, erwiderte Kram, „er ist halt losgezogen, um sie zu stoppen.“

„Mit all seinen Wachen. Und wo sind der König und seine Leute deswegen nicht?“, bohrte Eara weiter nach.

„Was ist denn das für eine Frage?!“, wollte Kram empört wissen. „Überall sonst natürlich. Die können ja nicht an mehr als einem Ort sein!“

Chadas Augen wurden mit einem Mal ganz groß. Sie hatte verstanden, was Eara meinte. „Sie sind nicht *hier!* Weil alle zum Fluss gezogen sind, ist kaum noch jemand da, um die Rietburg zu verteidigen!“

„Ganz genau“, bestätigte Forn. „Das mit den Skralen am Fluss war nur ein Trick, um alle von der Rietburg wegzulocken. In Wirklichkeit ist die Skral-Horde ganz in der Nähe. Sie warten in einem Versteck zwanzig Minuten östlich der Burg darauf, anzugreifen.“

„Und woher willst du das wissen?“, hakte Thorn nach.

„Weil ich von dort komme“, antwortete Forn. „Ich wurde geschickt, um die Burg für die Skrale auszuspionieren.“

Rutan knurrte, als er das hörte. Eara tätschelte den Wolfswelpen, um ihn zu beruhigen. „Wenn du wirklich ein Spion der Skrale bist, warum erzählst du uns das dann alles?“, fragte sie.

Forn hob die Schultern. „Weil ich diese ganze Kämpferei

doof finde. Ich will das nicht – andere Leute angreifen und all das."

„Wieso bist du dann bei einem Trupp, der die Rietburg erobern soll?", hakte Thorn nach. Das alles kam ihm ganz schön merkwürdig vor.

„Weil mein Vater der Anführer dieses Trupps ist", erklärte Forn bedrückt. Er schaute traurig zu Boden. „Also, mein Adoptivvater. Wer meine richtigen Eltern sind, weiß ich nicht."

Chada nickte nachdenklich. Sie war selbst ein Waisenkind. Darum wusste sie, wie es sich anfühlte, die eigenen Eltern nicht zu kennen.

„Bevor ich zu meinem jetzigen Adoptivvater kam, hat mich eine Menschenfrau im Wald gefunden und großgezogen", fuhr Forn fort. „Reka hieß sie."

„Die Kräuterhexe!", rief Thorn überrascht dazwischen. „Das gibt's ja nicht!"

„Sie hat sich damals um mich gekümmert, mir die Sprache beigebracht und alles. Sie hat mir auch meinen Namen gegeben und meinte, ich könne bei den Menschen leben, wenn ich das wolle."

„Und wie bist du dann zu den Skralen gekommen?", hakte Kram nach. Er traute dem Jungen immer noch nicht ganz.

„Als ich vier oder fünf war, hat Reka andere Kinder eingeladen, um mit mir zu spielen. Aber die hatten alle Angst vor mir. Sie haben geweint und sind weggelaufen. Danach wollte ich nicht mehr zu den Menschen, sondern zurück zu den Skralen. Weil ich dachte, dass ich da besser hinpasse. Reka fand das nicht gut, aber ich hab so lange gebettelt, bis sie nachgegeben hat.“

Kram runzelte die Stirn. „Aber bei den Skralen gefällt es dir jetzt plötzlich auch nicht mehr?“ Diese Geschichte war doch ziemlich verwirrend.

„Ich weiß nicht, wo ich hingehöre“, gab Forn zu. „Mein Adoptivvater meint immer, ich sei gar kein richtiger Skral. Wegen meiner blauen Augen. Kein Skral sonst hat blaue Augen. Er meint, mein Vater oder meine Mutter muss ein Mensch gewesen sein.“

„Und wenn schon!“, rief Chada. „Das ist doch vollkommen egal!“

Jetzt sah der Skral-Junge sie wieder an. In seinen Augen glitzerten ein paar Tränen. „Das sieht mein Adoptivvater anders. Für ihn ist klar: Ein richtiger Skral muss ein Kämpfer sein. Und ich als sein Sohn muss natürlich der allergrößte Kämpfer von allen werden. Ob ich das will oder nicht, ist ihm egal. Und da habe ich überlegt: Vielleicht hatte Reka damals ja recht. Vielleicht wäre es besser gewesen, ich wäre bei den Menschen geblieben.“

„Wie bist du denn überhaupt in die Burg gekommen?“ Thorn deutete auf die schmalen Fenster. „Durch die ja wohl nicht.“

Forn schüttelte den Kopf und sein Echsenschwanz tippte heftig auf den Boden. „Es gibt da ein kleines Loch in der Mauer. Drüben bei den Pferdeställen. Für Erwachsene ist das viel zu klein, aber ich habe gerade so durchgepasst. Mein Adoptivvater will, dass ich alles über die Burg in Erfahrung bringe. Dann weiß er, wo er am besten angreifen kann."

„Und du hast das anscheinend mitgemacht", meinte Kram. „Du bist hier, um alles auszukundschaften. Warum sollen wir dir also glauben, dass du auf unserer Seite bist?"

„Ich will nicht zurück!", sagte Forn überzeugt. „Ich will bei euch auf der Burg bleiben."

Eara musterte ihn kritisch. „Wenn das stimmt, wieso hast du dich dann nicht einfach beim Prinzen gemeldet? Warum hast du dich hier versteckt?"

„Ich wollte ja Bescheid sagen, dass ich hier bin. Aber dann habe ich gesehen, wie gemein Prinz Thorald zu euch war, und da habe ich Angst bekommen. Es hat mich daran erinnert, wie die Kinder damals reagiert haben. Ich dachte, wenn ich mich bei dem Prinzen melde, hört der mir gar nicht zu, sondern lässt mich gleich in den Kerker werfen, weil ich ein Skral bin."

„Das wäre ihm durchaus zuzutrauen", bestätigte Thorn. „Zuhören ist nicht gerade seine Stärke."

Forn sah die vier hoffnungsvoll an. „Seht ihr?! Und darum habe ich mich hier unten versteckt! Helft ihr mir?“

Die Kinder überlegten einen Moment und sahen einander an. „Ich glaube, wir müssen uns beraten“, sagte Eara dann.

Chada nickte. „Und du bleibst so lang erst einmal hier drin“, sagte sie zu Forn.

„Einverstanden“, erwiderte der junge Skral und fügte dann hinzu: „Versprochen!“

„Ist ja schön, dass du uns das versprichst, aber wir gehen da lieber auf Nummer sicher.“ Thorn wandte sich an die Wolfswelpen. „Rutan, Lonas, Merla: Bleibt hier und passt auf, dass er nicht abhaut! Verstanden?“

Die drei Welpen nickten hechelnd. Kram kraulte Merla im Nacken. „Und wenn er doch irgendeinen Unsinn versucht, dann rennst du sofort zu uns und sagst Bescheid, ja?“

„Wuff!“, antwortete Merla.

„Das sieht ja echt aus, als könnten die euch verstehen".

„Tun sie auch", antwortete Kram. „Also pass lieber auf!"

Er warf Forn einen düsteren Blick zu, dann verließ er mit den anderen den Raum.

Im Kellerflur ging die Gruppe ein Stück von der Tür weg, damit Forn sie nicht hören konnte. Diese Sache musste gründlich besprochen werden.

„Was meint ihr?", fragte Eara. „Sagt er die Wahrheit?"

Chada antwortete als Erste: „Ich glaube schon. Er wirkte auf mich nicht so, als ob er lügt. Und wenn Reka ihm vertraut, dann will das was heißen!"

Kram war nicht überzeugt. „Vielleicht ist er einfach ein wirklich *guter* Lügner? Ob er Reka wirklich kennt, können wir ja nicht wissen."

„Aber wenn er die Wahrheit sagt, dann wäre es unfair, ihm nicht zu helfen", warf Thorn ein.

„Aber falls er lügt und in Wirklichkeit die Burg verraten will, wäre es eine ganz schlechte Idee, ihm *dabei* zu helfen", widersprach Eara.

„Eines ist jedenfalls klar", erklärte Chada. „Wenn ein Skral-Kind hier ist, sind da draußen bestimmt auch erwachsene Skrale. Und das müssen wir dem Prinzen sagen."

Thorn verzog das Gesicht. „Dem ollen Thorald? Können wir das nicht selbst rauskriegen?"

„Vergiss es!“, rief Kram. „Skrale sind supergefährliche Kämpfer. Selbst erfahrene Heldinnen und Helden haben Respekt vor denen. Für uns sind die eine Nummer zu groß!“

„He! Wir haben es auch schon mit einem Drachen aufgenommen“, protestierte Thorn, der immer noch stolz auf das war, was die Kinder in ihrem ersten Abenteuer geleistet hatten.

„Dabei hatten wir aber Hilfe von einem Riesenkraken“, erinnerte ihn Eara und zog eine Augenbraue hoch.

„Also gut“, seufzte Thorn. „Dann erzählen wir Prinz Thorald, dass sich da draußen wohl eine Horde Skrale versteckt. Und was machen wir mit Forn?“

Chada überlegte. „Von dem sagen wir ihm lieber nichts. Prinz Thorald würde ihn wahrscheinlich wirklich nicht fair behandeln. Guckt mal, wie gemein er schon zu uns ist. Wie wäre es, wenn wir Forn hier im Keller verstecken, bis der König zurückkommt? Vielleicht ist dann ja auch Reka wieder bei ihm. Die Wölfe können so lang aufpassen, dass Forn keinen Unsinn macht. Und für ihn ist das bestimmt auch besser, als im Burgverlies eingesperrt zu werden.“

„Na gut“, brummte Kram. „Hier unten im Keller kann er wohl keinen Schaden anrichten, und der König und Reka werden dann schon wissen, was am besten ist.“

Sie besprachen kurz, wer jetzt was tun sollte: Kram wollte sich das Loch in der Mauer ansehen, durch das Forn gekommen war. Chada wollte zurück zu Forn, um ihm zu erklären, was sie entschieden hatten. Und Thorn und Eara würden zum Prinzen gehen, um ihm von den Skralen vor den Mauern der Burg zu erzählen.

„Und danach treffen wir uns wieder hier unten bei Forn“, entschied Eara. „Einverstanden?“

Alle nickten.

Sie wollten gerade auseinandergehen, da öffnete sich eine Tür ganz am anderen Ende des Kellers. Heraus kam Aćh! Sie sah die Gruppe überrascht an, und die vier Kinder blickten ebenso überrascht zurück.

„Was machst du denn hier?“, fragte Chada schließlich.

„Och … ich war auf der Suche nach etwas Wasser“, sagte das Mädchen rasch und eilte zur Treppe.

„Im Keller?“, wunderte sich Kram. „Hier gibt es kein Wasser.“

„Hab ich auch gemerkt“, antwortete Aćh. „Deswegen gehe ich ja wieder hoch.“ Sie sah die anderen Kinder an. „Und was macht ihr hier?“

„Aufräumen“, antwortete Thorn rasch. Er sah schnell von der Tür weg, hinter der sich Forn befand. „Haben wir ja vom Prinzen aufgedrückt bekommen. Macht keinen Spaß.“

„Das glaube ich euch sofort“, erwiderte Aćh. „Bis später dann!“ Dann verschwand sie schnell nach oben.

„Sie wollte *hier* Wasser holen?“, wunderte sich Kram. „Das klingt nach einer Ausrede. Und zwar einer ziemlich schlechten.“

„Stimmt“, meinte Eara. „Ich würde zu gern wissen, was in dem Kellerraum dahinten ist.“

„Dann schauen wir doch mal nach“, entschied Chada.

Sie warfen noch einmal einen Blick zu der Tür, hinter der die Wölfe Forn bewachten. Dann gingen sie langsam ans andere Ende des Flurs zu dem Raum, aus dem Aćh eben gekommen war.

Thorn öffnete vorsichtig die Tür. Es war ein Lagerraum, wie es viele in der Burg gab, und er war fast leer. Aber ein durchdringender Geruch erfüllte ihn.

„Boah, was ein Mief!“, stöhnte Kram und hielt sich seinen Ärmel vor die Nase.

„Das riecht wie Lakritze“, meinte Thorn.

„Wilde Felsenblumen“, erklärte Chada und zeigte auf einen Stapel getrockneter Pflanzen, der in einer Ecke lag. „Die gehören zu den am stärksten riechenden Pflanzen in ganz Andor.“

„Und Aćh lagert die hier?“, wunderte sich Eara. „Haben diese Blumen denn irgendwelche tollen Eigenschaften?“

Chada schüttelte den Kopf. „Bis auf den Geruch nicht.“

„Und der reicht schon, um mich zu vertreiben“, sagte Kram.

„Das ist wirklich komisch“, fasste Eara zusammen, als alle den Raum wieder verlassen hatten. „Wir haben einen Skral, der sich in die Burg geschlichen hat, weitere Skrale, die wohl draußen lauern, und Aćh versteckt Kräuter im Keller. Meint ihr, dass das alles irgendwie zusammenhängt?“

„Keine Ahnung“, gab Thorn zu. „Aber ich weiß, dass wir jetzt dem Prinzen Bescheid geben sollten, bevor diese Skrale auf die Idee kommen, anzugreifen.“

Die anderen nickten, und alle machten sich auf den Weg, ihrer Aufgabe nachzukommen.

Der Feuervogel

Als Eara und Thorn die große Halle betraten, sprach Prinz Thorald gerade mit einem seiner Wächter. Er war davon so abgelenkt, dass er die Kinder gar nicht bemerkte. Gerade deutete er auf den Königsthron, der auf einem kleinen Podest am Ende des Saals stand. „Wenn ich einmal König bin, werde ich diesen Thron auf jeden Fall höher über das Volk stellen", sagte er. „Oder was meinst du, Manus?"

Manus, ein schlanker Wachmann, der kaum älter war als der Prinz, wiegte den Kopf hin und her. „Euer Herr Vater hat sich, glaube ich, extra gewünscht, dass der Thron nicht auf einem zu hohen Podest stehen sollte."

„Ja, ich weiß", erwiderte Thorald ungeduldig. „Er sagt immer: ‚Ein König soll an der Spitze seiner Untertanen stehen, nicht über ihnen.'"

„Sind Sie denn anderer Meinung, Hoheit?", fragte Manus.

Eara räusperte sich, um den Prinzen und Manus auf sie und Thorn aufmerksam zu machen, doch die beiden hörten sie immer noch nicht.

„Ich finde, dass ein Herrscher Respekt verdient", antwortete der Prinz. „Und da kann es nicht schaden, wenn die Leute ein wenig zu ihm aufschauen müssen."

Eara räusperte sich noch einmal.

Wieder keine Reaktion. Stattdessen begann der Prinz, mit ausgebreiteten Armen den Königsthron zu vermessen.

Jetzt reichte es Eara. „MAJESTÄT!", sagte sie sehr laut. „Es gibt da etwas, was Ihr wissen solltet."

Der Prinz fuhr herum und sah böse zu Eara. „Wie redest du mit mir?! Weißt du nicht, wer ich bin?!"

„Doch", antwortete Eara fest. „Und darum will ich Euch ja auch erzählen, dass eine Horde Skrale vor der Rietburg lauert."

Der Prinz stutzte einen Moment. Diese Antwort hatte er nicht erwartet. Dann winkte er lachend ab. „Das ist unmöglich. Die Skrale haben ihre Truppen auf der anderen Seite des Flusses zusammengezogen. Mein Vater fängt sie dort gerade ab."

„Das ist ein Trick", meldete sich jetzt auch Thorn zu Wort. „König Brandur wurde weggelockt, damit sie die Rietburg besser angreifen können!"

„Ein Trick …?", wiederholte der Prinz nachdenklich. Einen Moment lang schien es fast so, als glaube er den beiden … doch dann schüttelte er den Kopf. „Unsinn! Ihr glaubt doch nicht wirklich, dass ihr recht habt und alle unsere Kundschafter falschliegen!" Er überlegte kurz, dann fügte er hinzu: „Außerdem … woher wollt ihr das denn überhaupt wissen?"

Thorn und Eara sahen sich hilflos an. Sie hatten sich keine Antwort auf diese Frage überlegt! Und dass Forn es ihnen erzählt hatte, wollten sie dem Prinzen ja nicht sagen.

„Wir haben sie gesehen!", platzte Thorn heraus.

„Wir haben sie gehört!", sagte Eara gleichzeitig.

Prinz Thorald sah zwischen den beiden hin und her. „Was denn nun?"

„Also …“, erklärte Thorn hastig. Er überlegte fieberhaft, was sie dem Prinzen erzählen konnten, ohne Forn dabei zu verraten. „Es war so … wir haben gehört, dass jemand die Skrale gesehen hat!“

„Ein Wanderer hat es uns erzählt“, ergänzte Eara rasch. „Ein Wanderer, der jetzt schon wieder ganz weit weg gewandert ist. Aber vor dem Weiterwandern hat er uns erzählt, dass da Skrale im Wald sind. Zwanzig Minuten östlich der Burg.“

„Ja, genau so war das“, schloss Thorn.

Der Prinz runzelte die Stirn. „Soso, ein Wanderer hat euch das erzählt, ja? Ich glaube euch kein Wort.“ Er trat bedrohlich nahe an Thorn und Eara heran. „Wisst ihr, was ich glaube? Dass ihr mir einen Streich spielen wollt! Aber so leicht lässt sich Prinz Thorald nicht überlisten!“

Er stampfte entschlossen mit dem Fuß auf, und Earas Herz sank: Sie würden es nie schaffen, den Prinzen zu überzeugen.

Da hob der Wachsoldat Manus plötzlich die Hand. „Äh, wenn Eure Hoheit nichts dagegen haben, würde ich der Meldung gern nachgehen.“

Der Prinz wirbelte zu ihm herum. „Wozu denn? Das ist doch nur Zeitverschwendung!“

„Damit haben Majestät recht, aber es gehört zu meinen Aufgaben, jegliche Bedrohung von der Burg abzuwenden. Wenn mir nun zu Ohren kommt, dass angeblich Skrale vor den Toren lauern …“ Manus hob entschuldigend die Schultern.

Der Prinz überlegte einen Moment hin und her, dann grunzte er genervt. „Na gut, Manus, wenn es dich glücklich macht, dann geh los und schau nach diesen angeblichen Skralen. Aber verschwende nicht zu viel Zeit damit."

Eara und Thorn waren erleichtert, dass jemand sie ernst genug nahm, um nachzusehen. Aber gleichzeitig auch besorgt.

„Er braucht Verstärkung!", rief Thorn. „Ein Soldat gegen eine Horde Skrale? Das kann nicht gut gehen!"

„Ruhe jetzt!", schnitt ihm der Prinz das Wort ab. „Ich will kein Wort mehr von eurem Unsinn hören! Verschwindet lieber und kümmert euch um eure Arbeiten!"

Thorn wollte widersprechen, doch Eara stieß ihn in die Seite und schüttelte den Kopf: Es hatte keinen Sinn, weiter mit dem Prinzen zu streiten.

Thorn nickte frustriert und sie verließen den Saal.

Ein paar Minuten später trafen die vier sich in Forns Kellerraum. Als der Skral hörte, wie Prinz Thorald sich benommen hatte, wedelte er mit seinem Echsenschwanz nervös hin und her. „Hoffentlich schleicht dieser Manus sich vorsichtig an", erklärte er. „Sonst hat er keine Chance."

Chada nickte. „Und hoffentlich glaubt Prinz Thorald ihm danach mehr als uns."

Forn wandte sich an Kram. „Hast du das Loch in der Mauer gefunden, durch das ich reingekommen bin?"

„Ja. Es war genau da, wo du gesagt hast“, bestätigte der Zwerg. „Danke dafür.“ Er schwieg kurz, dann fügte er hinzu: „Sag mal, du hast ja gesagt, dass du kein Kämpfer werden willst. Was willst du denn später gern machen?“

Forn hob die Schultern. „Keine Ahnung. Irgendwas anderes halt. Es gibt doch so viele Möglichkeiten, oder?“

„Klar!“, bestätigte Thorn. „Mein Onkel ist zum Beispiel Glasbläser! Das ist richtig toll, aber auch schwer, weil …“

Laute Schreie von draußen unterbrachen ihn. Draußen rief jemand: „Alarm! Alarm! Skrale vor den Mauern!“

„Das ist doch Manus!“, rief Eara. „Los, vielleicht können wir ihm helfen!“ Sie wandte sich an Forn. „Du bleibst besser hier, damit der Prinz dich nicht sieht.“

Forn war schon an der Tür. Doch als er kurz nachgedacht hatte, schien er zu verstehen, was Eara meinte. „Alles klar! Viel Erfolg euch!“

Kurz darauf kamen die vier Kinder atemlos oben an den Zinnen der Burgmauer an. Ein paar Wachen standen auf der Mauer und zeigten aufgeregt auf das Geschehen außerhalb der Burg: Dort lief ein Wesen mit langen, muskulösen Armen und Beinen, Schuppenhaut und einem langen Echsenschwanz – ein Skral! Er verfolgte einen Mann in der Rüstung der Rietburg.

„Manus!“, rief einer der Wächter. „Das ist Manus!“

Jetzt sahen es auch Eara, Chada, Thorn und Kram. Manus rannte, so schnell er konnte, in Richtung Burg, aber der Skral hatte ihn bereits fast eingeholt.

„Wir müssen etwas tun!“ Thorns Stimme überschlug sich beinahe vor Aufregung. „Chada, kannst du den Skral mit einem Pfeil treffen?“

Die junge Bewahrerin schüttelte den Kopf. „Er ist zu weit weg. Und außerdem schlägt er ständig Haken, da kann ich unmöglich zielen.“

Ein Wächter, der in der Nähe stand, nickte. „Sie hat recht. Ich habe es auch schon versucht.“

„Eara? Hast du nicht wieder irgendeinen Zauber?“, mischte Kram sich ein.

„Gleiches Problem“, erwiderte Eara düster. „Auf so eine Entfernung kann ich keinen gezielten Zauber auf den Skral richten. Alles, was ich einsetze, würde auch Manus treffen.“

Thorn verstand. „Das heißt, wenn du Manus schneller rennen lässt, rennt auch der Skral schneller.“

„Und wenn du beide umhaust?“, schlug Thorn vor.

„Dann ist der Skral eher wieder auf den Beinen als Manus“, sagte Eara. „Der steckt so was sicher besser weg.“

„Und dann würde er Manus nur noch schneller einholen“, seufzte Chada.

Der Skral war Manus inzwischen sehr dicht auf den Fersen. Der Wächter rannte, so schnell er konnte. Immer wieder änderte er überraschend die Richtung und brachte damit seinen Verfolger durcheinander. Trotzdem war klar: Der Skral würde ihn erwischen, lange bevor er das rettende Burgtor erreicht hatte.

„Wir hätten die Wölfe mit hochnehmen sollen“, ärgerte sich Eara. „Merla und Lonas könnten jetzt bestimmt helfen. Aber sie sind zu weit weg.“

„Dann gehen wir eben raus und stellen uns dem Skral entgegen!“, erklärte Thorn entschlossen. Er lief bereits los und wollte sein Schwert zücken.

Doch Eara legte ihm schnell eine Hand auf den Arm. „Das bringt doch nichts! Wir sind auch nicht rechtzeitig bei ihm! Außerdem wissen wir gar nicht, wie stark der Skral ist und ob sich da unten nicht noch mehr von ihnen verstecken!“

„Aber *irgendwas* müssen wir doch tun!“, beharrte Thorn.

„Das ist richtig“, sagte jemand hinter ihm. „Und ich glaube, ich weiß auch, was.“

Thorn drehte sich um und auch die anderen blickten in die Richtung, aus der die Stimme gekommen war. Es war Aćh, die

gerade die Leiter zur Mauer hochgekommen war. Doch sie war nicht allein: Auf ihrem Arm saß ein Vogel, der anders aussah als alle, die die Kinder bisher gesehen hatten.

Er war so groß, dass sein Haupt Aćhs Kopf überragte, und wirkte fast wie ein Adler. Doch seine Augen glänzten wie gelbe Edelsteine und sein Gefieder schillerte golden und orange, so als lodere ein Feuer darin. Das Tier saß stolz und selbstbewusst auf Aćhs Arm, als habe es sich bewusst dafür entschieden, sich genau dort niederzulassen.

Die vier Kinder starrten mit offenen Mündern auf den Vogel und auch die Wachen konnten ihren Blick kaum von ihm abwenden. Es war das schönste Wesen, das sie alle je gesehen hatten.

Chada fand als Erste die Sprache wieder. „Was … Was ist das?", fragte sie leise.

„Das ist Turr", sagte Aćh. „Turr ist ein Takuri."

„Taku-was?", fragte Kram verständnislos und kratzte sich unter seinem Helm am Kopf.

Aćh winkte ab. „Erklär ich euch nachher. Erst mal müssen wir Manus retten!"

Sie wandte sich an den Takuri. „Kurjo, Turr!", wies sie ihn an und deutete auf den Skral. „Kurjo!"

Wie zur Bestätigung stieß Turr ein Kreischen aus, dann entfaltete er seine Schwingen und erhob sich in die Luft.

Das golden schimmernde Vogelwesen brauchte nur wenige Flügelschläge, um Manus' Verfolger zu erreichen. Der Skral hielt inne und sah erstaunt zu dem Takuri auf, der aus großer Höhe auf ihn herabstieß wie ein Seeadler auf seine Beute.

„Was macht er da?", sorgte sich Eara. „Der Skral ist doch viel zu groß für ihn!"

„Wart nur ab", antwortete Aćh und lächelte selbstbewusst.

Turr nutzte den Schwung aus seinem Sturzflug und flog ein paar Kreise um den Kopf des Skrals. Der wurde langsamer und schlug ärgerlich um sich, um den Takuri zu erwischen. Aber Turr war zu schnell für ihn und wich den Schlägen immer wieder elegant aus.

Schon hatte Manus etwas Vorsprung gewonnen!

Doch der Skral bemerkte das. Er kümmerte sich nicht weiter um Turr, der noch immer um ihn herumflatterte, sondern nahm die Verfolgung wieder auf.

„Es hat nicht geklappt", murmelte Kram nervös. „Der Skral lässt sich nicht mehr ablenken."

„Das macht nichts", sagte Aćh. „Takuri können viel mehr als nur ablenken." Sie legte die Hände wie einen Trichter an den Mund und rief dem Tier ein neues Kommando zu: „Turr?! Advaria! Advaria meza!"

Turr hob kurz den Kopf, als wolle er zeigen, dass er verstanden hatte. Er stieg ein Stück in die Luft, sodass er direkt vor dem Skral schwebte, breitete seine Schwingen weit aus und ließ sie dann mit aller Kraft vor seinem Körper zusammenklatschen.

Im selben Moment schien ein großer Ball feurigen Lichts vor dem Takuri zu explodieren! Dessen Wucht warf den Skral nach hinten, sodass er einen überraschten Schrei ausstieß.

„Wow“, entfuhr es Kram. „Okay – das ist echt der Hammer!“

Geteilte Geheimnisse

Turrs Eingreifen war Manus' Rettung! Der Skral brauchte so lang, um sich von dem plötzlichen Angriff zu erholen, dass der Wachsoldat es schaffte, in den Schutz der Burgmauern zu fliehen. Zwar hatte sich der Skral wieder aufgerappelt und war ihm hinterhergerannt, konnte ihn aber nicht mehr einholen.

Wütend trommelte die Kreatur von draußen gegen das Tor. Dann warf sie ihren Kopf zurück und aus ihrer Kehle kam ein heiseres Schreien, das weit über das Rietland hallte. Es klang wie ein Schlachtruf und eine Drohung zugleich. Und es verursachte bei allen, die es hörten, eine Gänsehaut.

„Das ist der Ruf der Skrale", sagte Chada. „So können sie sich untereinander über große Entfernung verständigen – und ihren Gegnern Angst einjagen."

Kram fröstelte. „*Das* funktioniert bei mir sehr gut."

Unten am Tor wandte der Skral sich frustriert ab und marschierte mit großen Schritten in Richtung seines Heerlagers.

Turr war inzwischen wieder zurück auf die Mauer geflogen. Fast schien es, als sei er ein wenig größer und kräftiger als vor seinem Kampf. Er saß auf Achs Schulter, und das Mädchen redete leise und eindringlich auf das Vogelwesen ein.

Thorn trat zu ihr. „Du hast gesagt, er ist ein Takuri. Was sind diese Takuri denn genau?"

Aćh schüttelte den Kopf. „Später, okay?"

Bevor Thorn etwas erwidern konnte, baute sich der Prinz vor den fünf Kindern auf. In all der Aufregung hatte keiner von ihnen bemerkt, dass er auch auf die Mauer gekommen war. Er befahl mit hochrotem Kopf: „In den Thronsaal!" Mit einem Blick auf Aćh fügte er hinzu: „Ihr alle!" Er wandte sich um, und machte eine Geste, die anzeigte, dass die Kinder ihm folgen sollten.

Die Gruppe trottete mit hängenden Schultern hinter ihm her. „Eigentlich sollte er sich bei uns bedanken", flüsterte Chada den anderen zu. „Schließlich haben wir ihn vor den Skralen gewarnt und Turr hat Manus gerettet."

Kram rollte die Augen. „Glaubst du im Ernst, dass sich Thorald schon mal irgendwann bei irgendwem für irgendwas bedankt hat? Das kann der gar nicht, glaube ich."

Kram sollte mit seinen Worten recht behalten. Die fünf waren kaum in den Thronsaal gekommen, da fing Prinz Thorald auch schon an, mit ihnen zu schimpfen.

„Was sollte das denn eben?", herrschte er sie an. „Wieso habt ihr euch da eingemischt?!"

„Wir haben Manus gerettet!“, protestierte Eara.

Der Prinz machte eine wegwerfende Handbewegung. „Unsinn! Seit wann hat ein königlicher Wachsoldat es nötig, sich von irgendwelchen Kindern retten zu lassen?!“

Schritte ertönten und Manus betrat den Saal. „Also, wenn ich etwas dazu sagen darf, Eure Hoheit …“, begann er, aber der Prinz unterbrach ihn: „Darfst du nicht, Manus! Jetzt rede ich!“

Der Prinz lief wie ein nervöses Huhn hin und her. „Ich weiß, was ihr im Schilde führt!“, schimpfte er. „Ihr wollt, dass mein Vater glaubt, dass ich zu schwach bin, um mit einer Handvoll Skrale fertigzuwerden!“

„Das ist keine Handvoll!“, protestierte Eara, die sich genau an Forns Worte erinnerte. „Da draußen sind wirklich viele Skrale! Das hat der Magier Varkur so eingefädelt.“

„Unsinn!“, fuhr der Prinz sie noch lauter an. „Jeder weiß, dass die Hauptmacht der Skrale am Fluss ist. Das hier kann nur ein kleiner Spähtrupp sein. Und gegen den kann ich die Rietburg locker mit meinen Leuten verteidigen.“

„Er kapiert es immer noch nicht“, seufzte Thorn so leise, dass es Thorald nicht hörte.

„Er *will* es nicht kapieren!“, berichtigte Kram düster. „Weil er nicht will, dass wir recht haben.“

Manus trat vor. „Eure Hoheit, die Kinder haben mich vorhin gerettet. Ich würde Euch dringend raten, ihnen zuzuhören!“

„Und ich würde dir dringend raten, zu schweigen!“, fuhr ihn

der Prinz an. „Noch ein Wort, und du kannst dir eine neue Arbeit suchen!"

Manus warf dem Prinzen einen verärgerten Blick zu, sagte aber nichts.

Thorald machte einen Schritt auf Aćh zu und musterte nun Turr kritisch. „Was ist das denn überhaupt für ein Vieh? Ich glaube nicht, dass ein Mädchen in deinem Alter in der Lage ist, so eines unter Kontrolle zu halten."

Er streckte eine Hand nach dem Takuri aus, doch das Vogelwesen sträubte seine orangegoldenen Federn und zischte den Prinzen bedrohlich an. Thorald wich erschrocken einen Schritt zurück.

„Siehst du!", wetterte er. „Hochgefährlich! Sag ihm, dass er das lassen soll!"

Aćh schüttelte den Kopf. „Turr kann selbst am besten entscheiden, wen er mag und wen nicht. Ich mache ihm da keine Vorschriften."

Der Prinz sah noch einmal unsicher zu dem Takuri, dann schnaubte er ärgerlich. „Du bist eindeutig zu unreif, um die Verantwortung für diese Bestie zu übernehmen. Wenn deine Mutter zurückkommt, werden mein Vater und ich ein ernstes Wort mit ihr reden."

Aćh wirkte erschrocken, als sie das hörte. Aber sie senkte nur den Kopf und murmelte leise: „Turr ist keine Bestie."

Kram stöhnte auf. Thorn und Eara sahen sich besorgt an. Sie

wussten, was das hieß: Jetzt würde Kram sich nicht mehr zurückhalten, sondern dem Prinzen ganz klar sagen, was er dachte. Und das konnte gefährlich werden.

Andererseits: Das eine oder andere Mal hatte Krams direkte Art ihnen auch schon geholfen.

Während Eara noch überlegte, ob sie ihn zurückhalten sollte, legte Kram auch schon los. „Jetzt mal im Ernst, mein lieber Prinz!", motzte er. „*Das* ist gerade echt deine Hauptsorge?! Dass Aćh zu jung ist für das Wesen, mit dem sie Manus das Leben gerettet hat?!"

„Du nun wieder", knurrte Thorald. „Sei still, oder …"

„Oder was?!", unterbrach ihn Kram. „Willst du mich in den Kerker schmeißen? Hast du so viel Angst vor mir?"

„Angst?!" Der Prinz lachte, aber es klang nicht besonders echt. „Wieso sollte ich Angst vor einem Zwerg haben?"

„Ganz ehrlich: Das weiß ich auch nicht", antwortete Kram. „Vor allem, weil da draußen ein Haufen Skrale lauert, die nur darauf warten, die Burg anzugreifen! Vor denen solltest du *wirklich* Angst haben."

„Zum letzten Mal!“ Der Prinz schrie jetzt fast. „Das ist nur ein kleiner Trupp! Mit dem werden wir locker fertig.“

„Zum letzten Mal!“, erwiderte Kram genauso laut. „Das ist Bockmist! Wir müssen König Brandur benachrichtigen, damit er uns mit den restlichen Leuten zu Hilfe kommt!“

Das Gesicht des Prinzen lief vor Wut wieder knallrot an. „RAUS!“, brüllte er. „SOFORT RAUS! Ich lasse mir doch nicht von so einem dahergelaufenen Wicht wie dir sagen, was ich tun soll!“

Kram holte tief Luft, um etwas zu entgegnen, aber Manus stupste ihn an. „Ich glaube, es ist besser, wenn ihr jetzt geht“, sagte er leise.

Der Zwerg sah einen Moment zu dem stinkwütenden Prinzen. „Schade“, meinte er dann ebenso leise, „es fing gerade an, Spaß zu machen.“

Manus schüttelte den Kopf und unterdrückte ein Lachen.

„Komm“, schaltete sich jetzt auch Thorn ein. „Wir haben noch einiges zu tun.“

Sie verabschiedeten sich von Manus und dem verärgerten Prinzen und verließen den Thronsaal.

Als sie wieder draußen im Burghof waren, wandte sich Aćh an Kram. „Danke für eben. Dass du mich verteidigt hast.“

Kram grinste. „Kein Thema.“

„Ärger werde ich trotzdem bekommen, wenn meine Mutter wieder da ist“, fuhr Aćh fort. Sie wirkte traurig.

„Wieso das denn?“, wollte Chada wissen.

„Weil ich wirklich noch zu jung bin für Turr“, erklärte Aćh. „Bei uns in Tulgor ist es eine große Ehre, eine Takuri-Hüterin oder ein Takuri-Hüter zu sein. Dafür wird man sehr lang ausgebildet.“

„Und wieso hast du dann Turr, wenn du noch keine Hüterin bist?“, fragte Thorn.

„Ich habe ihn gefunden“, gestand Aćh. „Auf dem Weg hierher in den Bergen. Er war ganz klein und ein wenig verletzt. Da habe ich ihn bei mir versteckt. Ich habe ihn gesund gepflegt und mit Felsenblumen gefüttert. Die isst er am liebsten.“ Aćh sah Turr, der auf ihrer Schulter saß, liebevoll an und dieser legte dankbar den Kopf an ihre Wange.

„Darum der Keller mit den Stinkeblumen!“, rief Kram. „Das ist Takuri-Futter.“

Aćh nickte. „Bei dem Geruch konnte ich die nicht oben bei uns lagern. Sonst hätte Mama sofort etwas gemerkt. Ich habe sie direkt nach dem Empfang gesammelt, bevor es dunkel wurde.“

„Und hast du Turr auch beigebracht, wie man kämpft?“, wollte Eara wissen.

„Nein, das konnte er schon“, antwortete Aćh. „Er muss vorher schon jemandem gehört haben.“

„Ich dachte, er war noch ganz klein?“, fragte Chada überrascht.

„Er war *wieder* klein“, korrigierte Aćh. „Das ist nämlich so: Normalerweise werden Takuri mit jedem ihrer Kämpfe stärker …“

„Dann ist Turr jetzt also wirklich etwas größer und kräftiger als vorhin?“, unterbrach Thorn sie. „Ich dachte schon, mit meinen Augen sei etwas nicht in Ordnung.“ Er lachte.

Aćh nickte. „Aber das geht nicht ewig so weiter. Irgendwann hat er seine größte Kraft erreicht. Wenn er dann noch einmal kämpft, verbraucht er all seine Stärke. Danach wird er wieder zu einem kleinen, schwachen Küken. Und das kann immer wieder passieren.“

Eara sah sich das Vogelwesen jetzt neugierig etwas genauer an. „Ich kann mir kaum vorstellen, wie er als Küken aussehen könnte.“

„Wenn meine Mutter und ich lang genug hier sind, wirst du das bestimmt noch sehen“, antwortete Aćh.

Kram räusperte sich ungeduldig. „Das ist ja alles wahnsinnig interessant, aber wir haben da draußen ein paar Skrale, um die wir uns kümmern sollten. Unserem wütenden Prinzlein traue ich das nämlich nicht zu.“

„Du hast recht“, stimmte Chada ihm zu. „Wir müssen uns etwas einfallen lassen! Vielleicht hat Forn ja eine gute Idee.“

„Forn?“, fragte Aćh. „Wer ist das denn?“

„Sagen wir es mal so“, antwortete Thorn schmunzelnd. „Du bist nicht die Einzige hier, die Geheimnisse hat …“

Retten wir die Rietburg!

Als die Kinder in Forns Kellerraum kamen, bot sich ihnen ein überraschender Anblick. Der junge Skral lag schlafend auf dem Boden und die drei Wolfswelpen schmiegten sich an ihn!

Kram schüttelte den Kopf. „Das ist ja 'ne tolle Art, jemanden zu bewachen. Was soll das sein? Kampfkuscheln?"

Thorn lachte. „Immerhin scheinen sie ihm zu vertrauen. Und Merla, Rutan und Lonas haben normalerweise einen guten Riecher für so etwas."

Aćh stand ein Stück abseits und beäugte Forn kritisch. „Er sieht fast genauso aus wie diese Kreatur, gegen die Turr vorhin gekämpft hat“, meinte sie zögernd. „Nur ein bisschen menschlicher …“

„Er ist ein Skral“, bestätigte Chada. „Aber Forn ist unser Freund. Er hat uns davor gewarnt, dass die anderen Skrale da draußen sind.“

Aćh sah unsicher zum schlafenden Forn. So ganz schien sie das noch nicht glauben zu können. Das war ja aber auch kein Wunder, schließlich war sie gerade erst ihrem allerersten Skral begegnet. Und der war alles andere als freundlich gewesen. Doch dann breitete Turr plötzlich seine Flügel aus und glitt lautlos hinüber zu Forn. Sanft landete er auf dem Boden und hockte sich entspannt neben den Schlafenden.

Die fünf Kinder sahen staunend zu dem Vogel.

„Turr scheint ihn auch zu mögen“, meinte Eara schließlich. „Und du hast ja gesagt, dass er gut darin ist, das selbst zu entscheiden.“

„Stimmt“, sagte Aćh nachdenklich. „Dann sollte ich mich wohl auf seine Meinung verlassen.“

„Ich finde es ja toll, dass wir uns jetzt alle so gut verstehen“, unterbrach Kram. „Aber wisst ihr, was ich noch toller finde? Leute aufwecken! Und ich glaube, dafür ist jetzt gerade eine super Gelegenheit.“

Er schlich sich ganz vorsichtig an Forn und die schlafenden Welpen heran, breitete die Arme aus und wollte eigentlich direkt vor Forns Gesicht seine Hände laut zusammenklatschen.

Doch bevor er dazu kam, hob Rutan plötzlich den Kopf. Der kleine Wolf schaute Kram neugierig an und gab ein leises „Wuff“ von sich.

Und das reichte, um auch Forn und die anderen Welpen aufzuwecken. Alle drei streckten sich müde und gähnten.

Kram warf Rutan einen vorwurfsvollen Blick zu. „Och, du gönnst einem auch gar keinen Spaß“, beschwerte er sich. Der Welpe legte den Kopf schief, als wollte er sich entschuldigen.

Eara grinste. „Rutan hat einfach Sinn für gutes Benehmen, Kram.“

Forn sah sich verschlafen um – und erstarrte, als er Turr zu seinen Füßen sitzen sah. „Was ist das?!", fragte er unsicher.

„Das ist Turr", antwortete Aćh. „Und ich glaube, er mag dich", fügte sie hinzu, als der Takuri in aller Seelenruhe auf Forns Beine kletterte und sich dort niederließ.

Die anderen Kinder machten Forn und Aćh miteinander bekannt und erzählten dem jungen Skral von Manus' knapper Rettung und Thoralds Wutausbruch.

Forn seufzte, als er das hörte. „Versteht dieser Prinz denn gar nicht, in was für einer Gefahr sich die Burg befindet?"

„Der Typ kann nicht mal verstehen, dass er nicht immer recht hat", brummte Kram. „Und wir müssen das dann jedes Mal ausbaden."

„Wir müssen irgendwie König Brandur benachrichtigen", erklärte Thorn. „Er wird uns glauben. Und wenn er und seine Leute zurückkommen, ist die Burg gerettet."

„Der König ist inzwischen bestimmt schon fast am Fluss angekommen", überlegte Eara. „Selbst auf dem schnellsten Pferd könnten wir ihn nicht mehr rechtzeitig einholen."

„Und Merla kann zwar wahnsinnig schnell rennen, aber nur für kurze Strecken", meinte Kram. „Bis zum Fluss würde sie es auch nicht schnell genug schaffen."

Chada sah zu Aćh. „Turr kann doch fliegen. Das sollten wir zu unserem Vorteil nutzen! Könnte er vielleicht eine Nachricht zum König bringen?"

Aćh sah zu dem Takuri. „Ich glaube nicht. Er ist klug, und er versteht viele Kommandos, aber er hat weder den König noch den Fluss jemals zuvor gesehen. Wenn er etwas zu mir bringen müsste – das würde bestimmt klappen. Aber jemanden, den er nicht kennt in einer unbekannten Gegend finden? Das ist wohl leider zu schwer für ihn."

„Können wir dem König nicht einen Falken schicken?", schlug Eara vor.

Aćh sah sie fragend an. „Was heißt das?"

„Der König hat einen Schwarm Falken, die darauf dressiert sind, Briefe an die verschiedensten Orte zu tragen", erklärte Chada.

„Aber die sitzen leider im höchsten Turm der Burg", fügte Thorn nachdenklich hinzu.

„Und den Schlüssel zu dem Turm hat der Prinz", schloss Kram. „Und ich glaube nicht, dass er uns den gibt."

Eara nickte frustriert. „Stimmt – aber irgendwie müssen wir den König beachrichtigen …" Als sie sah, wie unglücklich die anderen sie anschauten, fügte sie hinzu: „Und das schaffen wir auch, da bin ich mir sicher!"

Forns Echsenschwanz strich unruhig über den Boden. „Selbst wenn ihr das schafft, muss er erst einmal wieder hierher zurückkommen. Das dauert."

Thorn verstand. „Du meinst, es könnte dann schon zu spät sein?"

„Weiß ich nicht", gab Forn zu. „Wäre aber möglich. Wir sollten ihm mehr Zeit verschaffen."

„Gute Idee!", sagte Kram „Aber wie willst du das machen?"

„Ich gehe zurück zur Skral-Horde. Zurück ins Lager meines Adoptivvaters", antwortete Forn mit fester Stimme.

Die anderen sahen ihn fassungslos an.

Aćh fand als Erste die Sprache wieder. „Wenn ich das richtig verstanden habe, bist du doch extra von denen weggelaufen. Und jetzt willst du wieder zurück?"

„Es geht nicht anders", sagte Forn. „Ich will ja auch nicht bei ihnen bleiben. Aber wenn ich zurückgehe, kann ich sie eine Weile aufhalten."

„Wie willst du das machen?", fragte Kram. „Prinz Thorald und ein Dutzend Wachleute können diese Typen nicht stoppen, aber du glaubst, dass du es schaffst?"

„Ich bin mir sogar sicher", erklärte Forn. „Weil ich ja nicht mit ihnen kämpfen muss."

Als Forn aufstand, hopste Turr leichtfüßig von den Beinen des jungen Skrals.

„Ich bin doch hierhergeschickt worden, um herauszufinden, wo man die Burg am besten angreifen kann", fuhr er fort. „Deshalb kann ich auch zurückgehen und ihnen diese Informationen geben – nur eben nicht die richtige."

Chada lachte auf. „Dann führst du sie am besten zur Westmauer. Die ist praktisch uneinnehmbar!"

„Und wenn wir wissen, wo sie angreifen, können wir ihnen dort auch einen schönen Empfang bereiten!", rief jetzt auch Kram begeistert. „Ich hab da auch schon eine Idee …"

Die nächste Stunde verbrachten die sechs Kinder damit, einen Plan zu entwickeln, wie genau sie König Brandur benachrichtigen konnten und was sie tun konnten, um die Burg bis zu seiner Rückkehr zu verteidigen.

Am Ende klatschte Kram zufrieden in die Hände. „Super, Leute! Ich glaube, das könnte wirklich klappen!"

Chada sah in Richtung der Fenster. „Aber wir müssen uns beeilen – es wird schon bald dunkel!"

„Gut", sagte Eara. „Dann kümmern Chada und ich uns jetzt um die Nachricht."

„Und danach fangen wir an, die Überraschung für die Skrale vorzubereiten", fügte Chada hinzu.

„Kram, Aćh und ich verstecken uns in der Nähe des Lagers der Skrale", übernahm Thorn. „Forn gibt uns ein Zeichen, wenn er es geschafft hat, die Horde zu überzeugen, an der richtigen Stelle anzugreifen."

Lonas bellte und sah Thorn fragend an.

„Und ja, Lonas, euch nehmen wir natürlich auch mit, damit ihr uns helfen könnt. Und Turr auch."

Lonas und die anderen Welpen hechelten zufrieden.

„Sobald wir wissen, dass die Skrale angebissen haben, kommen wir wieder zurück", fuhr Kram fort. Er rieb sich die Hände. „Auf das, was dann kommt, freue ich mich am allermeisten …"

„Also gut", sagte Eara. „Alle wissen, was sie zu tun haben. Dann los! Retten wir die Rietburg!"

„Retten wir die Rietburg", wiederholten alle.

Am Lager der Skrale

Thorn merkte schnell, dass es eine gute Idee gewesen war, die Welpen mitzunehmen: Als sie den drei jungen Wölfen erklärt hatten, dass niemand in der Burg Forn sehen durfte, verstanden sie das sofort. Als Ablenkung tollten sie so wild über den Burghof, dass alle Wachleute nur noch Augen für die spielenden Tiere hatten und niemand darauf achtete,

dass sich zur selben Zeit Aćh, Thorn, Kram und Forn aus der Burg schlichen.

Die vier Kinder eilten von der Burg weg, bis sie zu einem großen Busch kamen, hinter dem sie sich verstecken konnten.

Dort blieben sie einen Moment stehen und warteten, dass die Tiere zu ihnen aufschlossen. Nach kurzer Zeit hörten sie Pfotentapsen, und kurz darauf spazierten Merla, Rutan und Lonas einer nach dem anderen um den Busch herum zu ihnen.

„Habt ihr gut gemacht", lobte Kram. „Niemand hat auch nur daran gedacht, in unsere Richtung zu schauen."

Aćh hörte ein vertrautes Rauschen über sich und einen Moment später landete Turr auf ihrer Schulter. Der Takuri hatte seinen eigenen Weg genommen – hoch über die Zinnen der Burg hinweg.

Forn übernahm nun die Führung. Er wusste am besten, wie man zum Lager der Skrale kam. Und vor allem wusste er auch, wo ihre Wachposten standen. Geschickt leitete er die Gruppe unbemerkt über verschlungene Wege, bis sie schließlich durch ein Gebüsch krochen, das sich so nah am Unterschlupf der Horde befand, dass der Geruch des Lagefeuers die Nasen der Kinder kitzelte.

Aćh lugte vorsichtig zwischen den Zweigen hindurch, und die anderen Kinder taten es ihr gleich. Sie sahen eine Art Zeltlager, in dem viel Betrieb herrschte. Skrale gingen allen möglichen Beschäftigungen nach: Essen kochen, Holz hacken, Wasser holen. In der Mitte des Lagers stand ein größeres Zelt, vor dem sich zwei Wächter aufgebaut hatten.

„Da drin ist mein Adoptivvater", erklärte Forn leise. „Er ist ja der Anführer, darum hat er die Wachen."

Plötzlich kam Unruhe in das Lager. Laute Stimmen drangen aus dem Zelt des Anführers, in einer Sprache, die die Kinder nicht verstanden. Einen Moment später kam ein Skral heraus, der sehr alt aussah: Sein Körper war dünn und er ging ein wenig gebückt. In einer Hand hatte er einen Holzstock, auf den er sich beim Gehen stützte.

Er rief noch etwas, das sehr ärgerlich klang, in das Zelt des Anführers, dann ging er über den Platz hinweg zu einem anderen Zelt ganz am Rande des Lagers.

„Das ist Obron", sagte Forn. „Er ist unser Schamane."

„Was ist ein Schamane?", fragte Aćh leise.

„Der macht ganz viele Sachen", antwortete Forn. „Er kümmert sich um Verletzungen und Krankheiten, hilft bei Ge-

burten, schaut in den Himmel, um zu wissen, wie das Wetter wird … lauter solche Dinge."

„Er und dein Adoptivvater haben sich gestritten, oder?", vermutete Thorn.

Forn nickte. „Die beiden mögen sich nicht. Obron denkt auch, dass die ewige Kämpferei Unsinn ist. Mein Adoptivvater würde ihn am liebsten aus der Horde werfen – aber es gibt zu viele Leute, die Obron mögen. Fast jeder wurde schon einmal von ihm behandelt, als er krank war, und bei ganz vielen hat Obron bei der Geburt geholfen."

„Also ist er so eine Art Opa für die Horde", sagte Kram.

„Ja, so könnte man es ausdrücken", bestätigte Forn.

Als der Holzhacker seine Arbeit beendet hatte und in einem der Zelte verschwunden war, wurde es etwas ruhiger im Lager.

„Jetzt ist ein guter Moment", sagte Forn. „Ich werde sofort zu meinem Adoptivvater gehen. Sobald ich ihn überzeugt habe, an der Westmauer anzugreifen, gebe ich euch ein Signal!"

Die anderen nickten. „Viel Erfolg!", meinte Thorn. „Hoffentlich geht alles gut."

Forn winkte ab. „Wird es. So kompliziert ist der Plan ja nicht."

Thorn fand den jungen Skral trotzdem ziemlich mutig.

Forn kroch rückwärts aus dem Busch. Kurz darauf sahen die Kinder, wie er auf dem Hauptweg ins Lager lief. Die Wächter begrüßten ihn und führten ihn sofort zum Zelt des Anführers.

Während Forn darin verschwand, wiegte Kram besorgt den Kopf hin und her. „*So kompliziert ist der Plan ja nicht*", wiederholte er Forns Worte. „Sobald jemand so etwas sagt, passiert garantiert etwas, das alles komplizierter macht …"

Die Kraft der Winde

Inzwischen standen Eara und Chada auf dem Dachboden, den Eara vorhin mit ihrem etwas wilden Windzauber hatte reinigen wollen. Sie waren hierher zurückgekommen, weil Eara sich in der Planungsrunde unten im Keller an etwas erinnert hatte.

Die junge Zauberin führte Chada zu dem kleinen Fenster im Dach. „Dahinten steht der alte Signalturm. Der ist ganz in der Nähe des Flusses."

Chada kannte diesen Turm. Er war gebaut worden, um im Notfall schnell über weite Strecken Alarm schlagen zu können. Die Konstruktion war einfach: ein hohes Bauwerk, auf dem oben eine Schale mit Brennholz platziert war.

Früher hatte dort immer eine Wache gestanden – und wenn etwas Schlimmes passierte, wurde in der Schale ein Feuer angezündet, das man dann sogar auf der Rietburg sehen konnte. Umgekehrt funktionierte es genauso: Ein Signalfeuer auf der Rietburg war vom Turm aus leicht zu erkennen.

Aber jetzt benutzte niemand mehr diese Türme. Sie standen zwar noch so wie früher, aber Nachrichtenfalken waren fast genauso schnell und viel praktischer.

„Leider ist niemand mehr dort oben, der zur Burg schaut", erklärte Eara. „Darum bringt es nichts, wenn wir ein Signalfeuer auf der Burg machen. Aber da müsste noch Holz in der Feuerschale sein! Wenn du einen brennenden Pfeil dorthin schießt, können wir es anzünden. Wenn der König das sieht, wird er verstehen, dass etwas passiert sein muss, und dann wird er zurückkommen."

Chada runzelte die Stirn. „Der Turm ist viel zu weit weg für einen Pfeil."

Eara lächelte. „Mit Zauberei wird das schon gehen."

Sie nahm eine Fackel zur Hand, die sie aus dem Burghof mitgebracht hatte, und brach oben ein Stück ab.

„Kannst du mir einen deiner Pfeile geben, Chada?"

Die Bewahrerin reichte ihr den Pfeil, und Eara befestigte mit einem Stück Schnur den Kopf der Fackel daran. „Das sollte lange genug halten", erklärte sie. „Wenn ich das gleich anzünde, kannst du es bis zu dem Turm schießen. Du kannst doch gut genug zielen, oder?"

Chada wusste, dass kaum jemand so gut zielen konnte wie sie. „Das schon", sagte sie, „aber ich kann nicht so weit schießen."

„Da kommt die Zauberei ins Spiel", meinte Eara. „Erinnerst du dich an meinen Windzauber? Mit dem kann man nicht nur Menschen und Wölfe vom Dachboden pusten – der kann bestimmt auch Pfeile ganz weit tragen."

Chada sah noch einmal skeptisch zu dem Turm. „Meinst du wirklich, dass dein Windzauber so einen Unterschied macht?"

Eara zog einen grünlich schimmernden Kristall hervor. „Wenn ich den hier zu Hilfe nehme, bestimmt."

Chada erkannte den Stein sofort wieder. „Ist das der Zauberkristall aus der Krakenhöhle?!"

Eara nickte. „Eigentlich wollte ich ihn nicht benutzen, solange ich nicht genau weiß, wie er funktioniert. Aber ich glaube, diesmal haben wir keine andere Wahl. Wir müssen die Rietburg retten."

Chada dachte kurz nach. „Du hast recht", sagte sie dann. „Also los!"

Eara öffnete ein Kästchen, das sie aus der Küche geholt hatte. Darin lag ein Stück glühender Kohle. Normalerweise benutzten es die Küchenhilfen der Burg, um am Morgen das Herdfeuer anzuzünden. Jetzt aber hielt Eara den Pfeil mit der Fackelspitze daran, bis sich an ihm eine kleine Flamme bildete.

„Warte noch einen Moment, bis sie groß genug ist", sagte sie zu Chada. „Sonst bläst der Wind sie gleich wieder aus."

Die beiden sahen zu, wie die Flamme wuchs, bis der Pfeil wie eine richtige Fackel brannte. Chada schwenkte ihn einmal rasch hin und her, um zu testen, ob das Feuer auch nicht ausging. „Das sollte genügen", sagte sie.

„Dann los." Earas Hand umklammerte den Kristall.

Chada legte den brennenden Pfeil auf die Bogensehne und blickte ganz fest auf den Turm, der fern am Horizont zu sehen war.

Eara bündelte all ihre Gedanken auf den Windzauber, der den Pfeil tragen sollte. Ihr Geist griff nach der Luft in ihrer Umgebung, zog sie zusammen und ließ sie mithilfe der Kraft des Kristalls an ihnen vorbei in Richtung Turm strömen.

Schneller und schneller wurde der Wind. Er zerrte an den Gewändern der Mädchen und ließ ihre Haare flattern. Chada merkte, dass sie sich etwas gegen ihn stemmen musste, damit er sie nicht umblies.

„Jetzt!", rief Eara, und im selben Moment ließ Chada die Bogensehne los. Der Feuerpfeil schoss nach vorn und wurde vom Wind ergriffen, der ihn immer weiter und immer höher trug.

Die Augen der Kinder folgten seinem Flug. Schon war nur noch ein leuchtender Punkt zu sehen, der sich in einem weiten Bogen auf den Signalturm zubewegte.

Das Leuchten senkte sich zum Horizont – dann verschwand es plötzlich und alles sah aus wie zuvor.

„Oh nein!" Chada schaute enttäuscht zu Eara. „Ich glaube, ich habe nicht getroffen!"

Doch bevor Eara antworten konnte, erschien bereits ein schwaches orangefarbenes Flackern an der Spitze des Signalturms. Es wuchs und wurde intensiver und nach ein paar Sekunden gab es keinen Zweifel mehr.

„Doch, du hast getroffen!", rief Eara. „Das Feuer brennt! Wenn König Brandur das sieht, kommt er bestimmt zurück und hilft uns!"

Die Mädchen fielen sich lachend in die Arme. Doch schon nach ein paar Sekunden wurde Chada wieder ernst.

„Für uns bleibt aber trotzdem noch viel zu tun!", sagte sie. „König Brandur muss ja erst einmal kapieren, dass der Pfeil von der Burg kam. Und selbst wenn er dann sofort losreitet, ist es immer noch ein weiter Weg vom Fluss bis zurück hierher."

Eara nickte. „Der Rest unseres Plans muss immer noch funktionieren. Hoffentlich läuft bei den anderen nichts schief."

In der Falle

Thorn, Kram und Aćh saßen noch immer im Busch beim Skral-Lager und warteten auf Forns Signal.

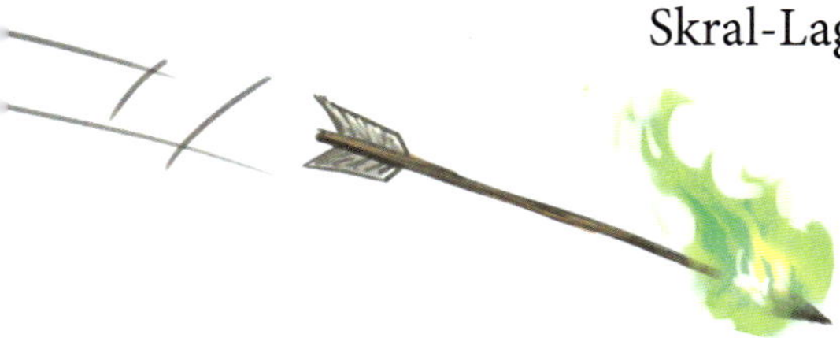

Sie bemerkten den brennenden Pfeil, der hoch über ihren Köpfen aus der Burg geflogen kam, und sahen sich zufrieden an.

„Das war Chada!“, flüsterte Thorn.

Kram grinste. „Für mich sah das eher aus wie ein Pfeil, aber du weißt das sicher besser.“

Thorn streckte dem Zwerg seine Zunge entgegen, dann knuffte er ihn spielerisch in die Seite. „Idiot!“, sagte er lachend.

Doch schon einen Moment später schwand ihre gute Laune, denn sie hörten plötzlich aufgeregte Stimmen aus dem Lager und sahen Skrale, die zum Himmel deuteten.

„Sie haben den Pfeil gesehen!“, flüsterte Aćh erschrocken.

Die Kinder sahen, wie eine große Gestalt aus dem Zelt des Anführers trat. Ein riesiger, kräftiger Skral, dessen Schuppenhaut die Spuren vieler Kämpfe trug. Über einem Auge trug er eine schwarze Augenklappe. Ein Stück hinter ihm ging der sehr unruhig aussehende Forn.

„Das muss der Anführer sein“, murmelte Thorn. „Forns Adoptivvater.“

Der große Skral rief laut Befehle in der fremden Sprache. Momente später schwärmten seine Gefolgsleute in alle Richtungen aus dem Lager.

„Die suchen die Gegend ab!", erkannte Kram. „Wir müssen hier schleunigst weg!"

Doch dafür war es schon zu spät! Wohin die Kinder auch schauten: Überall um den Busch herum sahen sie die Echsenwesen, die allein oder in kleinen Trupps das Gelände durchkämmten.

Die Wolfswelpen fingen an, zu knurren. Kram und Thorn strichen ihnen über das Fell. „Psst, ganz leise", ermahnte der Zwerg die Tiere.

Aćh strich Turr über die Federn, um ihn zu beruhigen, und die Gruppe kauerte sich unter den Busch, um möglichst nicht gesehen zu werden. Doch die Suchtrupps kamen immer näher.

„Früher oder später finden sie uns", erklärte Thorn leise. „Wir haben nur eine Chance: Wir müssen sie überraschen, solange sie noch nicht wissen, dass wir hier sind."

„Das heißt, du willst gegen die Skrale kämpfen?!", fragte Kram ungläubig. „Vergiss es! Die sind viel stärker als wir."

„Ich will natürlich nicht kämpfen. Ich will wegrennen. Und das geht besser, wenn wir

den Zeitpunkt selbst bestimmen und die Skrale nicht darauf vorbereitet sind."

„Klingt vernünftig", meinte Aćh.

„Also gut", sagte Thorn. „Dann auf drei. Eins … zwei … drei!"

Die Kinder schossen zusammen mit den Tieren aus ihrem Versteck. An einer Skral-Gruppe rannten sie vorbei, bevor die überhaupt wussten, was los war, vor der nächsten warnte sie Rutan mit einem Knurren, sodass sie ihr aus dem Weg gehen konnten, und eine dritte wurde von der schnellen Merla abgelenkt, die wie der Blitz zwischen deren Beinen herumrannte und sie immer wieder mit den Zähnen in ihre Echsenschwänze zwickte.

„Schneller!", rief Kram. „Wenn wir es bis zu dem Kornfeld dahinten schaffen, sind wir außer Sichtweite!"

Sie waren schon fast an den hohen Halmen des Felds angekommen, da baute sich plötzlich eine ganze Gruppe Skrale direkt vor ihnen auf! Scharfe Zähne blitzten den Kindern entgegen und schwarze Augen musterten sie kalt.

Ohne dass Aćh ihm einen Befehl gegeben hatte, erhob sich der Takuri plötzlich in die Luft!

„Turr, nein!", rief Aćh ihm hinterher. Aber das Vogelwesen achtete nicht darauf.

Es flog weit nach oben. Dann stürzte es sich auf die Angreifer und schlug seine Flügel zusammen. Ein gewaltiger Feuerball hüllte die Echsenwesen ein – er war so hell, dass die Kinder geblendet wegsehen mussten.

Als die Flammen sich legten, lagen und hockten die meisten der Skrale benommen am Boden. Doch der größte von ihnen stand noch immer fest an seinem Platz – und statt des kräftigen Takuri hockte nun ein kleines, piepsendes Küken auf dem Boden, das mit großen Kugelaugen in die Welt schaute.

„Turr hat alle seine Kräfte verbraucht!", rief Aćh ängstlich. Sie ballte ihre Hände nervös zu Fäusten. „Ausgerechnet jetzt!"

Als der Takuri seinen Namen hörte, watschelte er eilig zu Aćh. „Das war's", entfuhr es ihr, während sie Turr vorsichtig aufsammelte und sanft in einen Beutel steckte, den sie umhängen hatte. „Jetzt sitzen wir in der Falle!"

Thorn schüttelte den Kopf. „Noch nicht." Er rief den dritten Wolfswelpen zu Hilfe. „Los, Lonas! An die Arbeit!"

Kaum hatte Thorn das gesagt, da begann der kleine Wolf auch schon zu wachsen. Vor den Augen der Kinder wurde er zu einem riesigen Tier, das auch den großen Skral überragte und ihn nun böse anknurrte.

In den Augen des Kämpfers war jetzt Angst zu sehen und er machte einen Schritt zurück. Schon dachten die Kinder, dass sie gerettet wären – doch da wandte sich Lonas plötzlich von dem Skral ab, schrumpfte zurück auf normale Größe und blickte zurück zum Lager!

„Was hat er?", wunderte sich Kram.

Lonas wirkte wie hypnotisiert und auch Merla und Rutan starrten in dieselbe Richtung.

„Das ist Magie!", erkannte Thorn. „Wisst ihr nicht mehr, wie sie das letzte Mal darauf reagiert haben?"

Kram erinnerte sich: So stark die Wolfswelpen auch waren – magische Energien lenkten sie ab und machten sie fast unansprechbar.

„Ich kann mir nur einen Typen vorstellen, der hier mit Magie hantiert", murmelte Kram. „Und das ist der Kerl, den ich gerade am allerwenigstens sehen will."

Sekunden später trat eine bärtige Gestalt in einem dunklen Gewand zwischen den Büschen hervor. Thorn und Kram erkannten ihn sofort. Es war der böse Magier Varkur!

„Lonas, Merla, Rutan: Lauft weg!", befahl Thorn. „Lauft weg, so schnell ihr könnt!"

Die Wolfswelpen sahen einen Moment lang weiter mit großen Augen zu dem Magier, doch dann drangen Thorns Worte zu ihnen durch – schnell huschten sie ins Feld, wo sie zwischen den hohen Halmen verschwanden.

Der Magier lächelte amüsiert. „Wie nobel, dass du versuchst, deine Haustiere zu retten", zischte er. „Aber diese Biester sind mir sowieso egal. Mit euch kleinen Nervensägen habe ich dagegen noch eine Rechnung offen." Er sah zu den Skralen, die sich langsam wieder aufrappelten. „Los! Bringt diese Plagegeister ins Zelt eures Anführers!"

Thorn, Kram und Aćh sahen sich hilflos an. Sie waren gefangen!

Doch aus dem Augenwinkel bemerkte Thorn etwas, was ihn Hoffnung schöpfen ließ: Da lief jemand aus dem Lager weg in Richtung Rietburg. Und dieser Jemand war Forn!

Hoffentlich schaffte er es, Hilfe zu holen!

Revolution und Hochverrat

Eara und Chada spähten ungeduldig von der Burgmauer aus über die Felder des Rietlands. Die Sonne war schon fast untergegangen. Wo blieben Thorn, Kram und Aćh denn bloß? Sie brauchten das Signal, dass der Angriff auf die Burg dort begann, wo sie ihn haben wollten. Dann konnten sie den nächsten Teil des Plans in die Tat umsetzen.

„Da kommt jemand!", rief Chada. Und jetzt erspähte auch Eara die Gestalt, die angerannt kam. Aber das war keiner von den dreien, auf die sie warteten. Das war Forn!

Schon hatte auch Manus ihn entdeckt, der oben Wache schob. „Skral vor den Mauern!", rief er. Sofort legte ein Bogenschütze einen Pfeil an und zielte auf den jungen Skral!

„Nicht!", schrie Chada erschrocken und lief zu dem Schützen. „Nicht schießen. Er ist ein Freund."

Gleichzeitig war Forn unten stehen geblieben und hatte die Hände erhoben.

„Seht doch, er ergibt sich!", sagte Eara. „Er ist keine Gefahr!"

Manus sah unschlüssig zu Forn hinunter. „Das könnte wieder eine Falle sein."

Chadas Stimme wurde flehend. „Nein! Das ist keine Falle! Wirklich nicht!"

„Wir können rausgehen und ihn holen!“, bot Eara an.

Manus schüttelte den Kopf. „Auf keinen Fall! Das ist zu gefährlich für euch Kinder.“ Er überlegte kurz. „Aber ihr habt mir das Leben gerettet, da schulde ich euch Vertrauen.“ Er wandte sich an zwei Wächter in der Nähe. „Holt den Skral rein! Aber passt auf, dass da nicht irgendwo ein Hinterhalt ist!"

Kurz darauf standen Eara und Chada am Burgtor, als die Wächter Forn hereinführten.

„Sie werden heute Nacht angreifen!", rief der junge Skral aufgeregt. „An der Westmauer! Habt ihr alles vorbereitet?!"

Eara nickte. „Fast alles. Aber was ist mit den anderen?!"

Forns Miene wurde düster. „Die wurden gefangen."

Manus beäugte den jungen Skral skeptisch. „Und du hast ihnen nicht geholfen?"

„Ich helfe ihnen, indem ich hierhergekommen bin", antwortete Forn. „Dort im Lager konnte ich nichts für sie tun, sonst hätten die Skrale gemerkt, dass ich mit euch zusammenarbeite. Dann hätten sie mich auch eingesperrt!"

Eara sah, dass Manus und die Wächter nicht sehr überzeugt wirkten. Sie sah sie eindringlich an. „Er sagt die Wahrheit. Wir kennen Forn schon länger."

Die Wächter wirkten noch immer nicht ganz überzeugt, aber Manus gab ihnen ein Zeichen und sie traten einen Schritt von Forn weg.

„Wir müssen die anderen aus dem Skral-Lager rausholen!", erklärte Chada entschlossen.

„Unmöglich", antwortete Forn. „Dafür sind wir zu wenige. Wir müssen auf König Brandur warten."

„Aber das kann doch noch dauern!", sorgte sich Chada.

Eara dachte kurz nach. „Wenn der König unser Signal gesehen und richtig verstanden hat, ist er vielleicht noch vor dem Morgen mit seinen Leuten hier. Wir müssen es nur schaffen, die Skrale so lang zurückzuhalten."

„Und hoffen, dass den anderen nichts passiert", setzte Chada hinzu.

Eara nickte. „Das auch."

Auf einmal hörten sie Schritte hinter sich. Dann erklang die sehr zufriedene Stimme von Prinz Thorald, als der sich an die Wächter wandte: „Ihr habt einen Gefangenen gemacht? Sehr gute Arbeit! Bringt ihn gleich ins Verlies!"

Eara drehte sich zum Prinzen. „Forn ist kein Gefangener. Er ist unser Freund. Und er hat uns geholfen."

„Er ist ein Skral", antwortete Thorald. „Also kann man ihm nicht trauen."

„Dank ihm wissen wir, wo die Skrale heute Nacht angreifen wollen!", warf Chada ein. „An der Westmauer!"

Der Prinz lachte abfällig. „An der Westmauer?! Wohl kaum. Das ist der schlechteste Ort für einen Angriff."

„Genau deswegen habe ich sie ja dorthin geführt!", machte Forn klar.

Der Prinz sah ihn böse an. „Schweig, Skral! Niemand hat mit dir gesprochen! Wächter, bringt ihn fort! Und postiert euch an der Ostmauer. Auf die Tricks der Skrale fallen wir nicht rein. Wenn sie uns wirklich angreifen, dann im Osten."

Die Wächter wollten sich Forn wieder greifen, doch Eara stellte sich vor ihn. „Manus“, sprach sie den Anführer der Wache an, „du hast gesagt, dass du uns Vertrauen schuldest.“

Manus nickte.

„Erinnere dich, wie der Prinz auf unsere erste Warnung reagiert hat“, fuhr Eara fort. „Nun sagen wir dir, dass wir Forn vertrauen müssen. Wir müssen die Burg an der Westmauer verteidigen. Wir haben auch schon einen Plan dafür!“

„Einen Plan?!“ Thorald sah Eara und Chada abfällig an. „Was für einen Plan wollt *ihr* schon haben?!“

Eara beachtete ihn nicht, sondern sprach weiter zu Manus. „Du und deine Leute, ihr sollt die Burg beschützen. Wir wollen euch dabei helfen. Aber dafür müsst ihr uns vertrauen – und nicht dem Prinzen.“

Prinz Thorald blieb vor Wut der Mund offen stehen. „Was soll das denn werden?! Eine Revolution?!“

Chada schüttelte den Kopf. „Wir wollen Euch das Reich nicht nehmen, Majestät. Wir wollen nur dafür sorgen, dass Ihr morgen überhaupt noch ein Reich *habt*.“

„Unsinn!“, schnarrte Thorald. „Wachen, nehmt sie fest! Alle drei!“

„Hör nicht auf ihn, Manus“, flehte Eara. „Hör auf uns! Der König wird es dir danken!“

Manus sah unsicher zwischen dem wutschnaubenden Prinzen und den drei bittenden Kindern hin und her. Dann seufzte er und drehte sich zu Eara. „Also gut. Was ist euer Plan?“

Eara, Chada und Forn lachten erleichtert auf.

„Als Allerserstes müssen wir in die Werkstatt“, begann Eara zu erklären. „Dort steht ein großer Bottich …“

Der Prinz stampfte mit dem Fuß auf den Boden auf. „Stopp! Das könnt ihr nicht machen! Das ist Hochverrat!“ Doch niemand beachtete ihn.

Erwartete und unerwartete Retter

Kram, Thorn und Aćh lagen gefesselt und geknebelt auf dem Zeltboden und hörten hilflos zu, wie der Skral-Anführer und der Magier Varkur sich um sie stritten.

„Unmöglich!", erklärte der Skral mit zischender Stimme. „Die drei sind *meine* Gefangenen. Ich kann sie Euch nicht aushändigen! Das ist gegen die Skral-Tradition!"

„Ich bestehe aber darauf!", knurrte Varkur böse. „Diese Kinder haben schon einmal meine Pläne durchkreuzt und sie sollen die Folgen davon zu spüren bekommen. Durch mich!"

Kram zuckte zusammen, als der Skral-Anführer seinen Schwanz durch die Luft peitschen ließ und dabei nur knapp Krams Kopf verfehlte.

„Nein!“, sagte der Anführer dann. „Ein Skral, der seine Gefangenen hergibt, ist ein schwacher Skral!“

Varkurs Tonfall wurde drohend. „Weißt du, welcher Skral ein noch viel schwächerer ist? Einer, dessen Lager durch ein magisches Ritual platt gemacht wurde.“

Der Skral fletschte seine spitzen Zähne. „Ihr wagt es, mir zu drohen?! Mitten in meinem Revier?! Seid froh, dass Euch keiner meiner Leute gehört hat – sonst wäre ich gezwungen, mich dagegen zu verteidigen. Und dann würde es Euch schlecht ergehen!“

Thorn warf Kram und Aćh einen Blick zu. Die beiden Männer waren so in ihren Streit vertieft, dass sie gar nicht mehr auf die Kinder achteten. Konnten sie das irgendwie nutzen?

Bevor Thorn weiter darüber nachdenken konnte, hörte er Schritte, die sich dem Zelt näherten. „Großer Magier?“, rief eine raue Stimme von draußen. „Und werter Anführer?“

Einen Moment später betrat ein sehr alter Skral das Zelt. Es war der Schamane, den die Kinder schon vom Busch aus gesehen hatten. Er stützte sich noch immer auf seinen Stock und ging langsam und mit kleinen Schritten.

„Die Horde ist bereit zum Abmarsch und wartet auf Eure Befehle“, sagte er.

„Ist mein Sohn auch dabei?“, knurrte der Skral-Anführer.

„Mir wurde gesagt, er sei schon vorausgelaufen“, antwortete der Schamane.

Der Anführer nickte anerkennend. „Vielleicht wird ja doch noch ein ordentlicher Kämpfer aus ihm." Er drehte sich wieder zu Varkur. „Los, Magier! Kümmern wir uns zunächst um diese Burg. Wenn die Beute dort so groß ist, wie du sagst, dann können wir noch einmal über diese Kinder hier sprechen."

Varkur nickte. Doch als ihm der Skral-Anführer den Rücken zugewandt hatte, drehte er sich zu Thorn, Kram und Aćh und flüsterte böse: „Ich werde euch in die Finger bekommen. Das verspreche ich euch!"

Thorn lief es eiskalt den Rücken hinunter, als er das hörte.

Der Anführer ging mit Varkur zum Ausgang des Zelts. „Was ist mit dir, alter Mann?!", fragte er den Schamanen.

Dieser stützte sich wacklig auf seinen Stock und atmete schwer. „Geht Ihr ruhig schon einmal vor, werter Anführer. Ich muss noch einen Moment Atem holen."

„Lass dir Zeit", sagte der Ober-Skral giftig. „Wir werden dich nicht vermissen."

Damit verschwanden er und Varkur aus dem Zelt.

Der alte Schamane wartete ein paar Sekunden, bis sich die Schritte der beiden Männer entfernt hatten, dann warf er seinen Stock beiseite und eilte erstaunlich flink zu den drei Kindern. Schnell hatte er alle ihre Fesseln gelöst.

Die drei Gefangenen zogen sich die Knebel aus ihren Mündern.

Während Aćh das Turr-Küken aus ihrem Umhängebeutel

holte und sicherging, dass ihm nichts passiert war, sahen Kram und Thorn den alten Skral überrascht an.

„Die Nummer mit dem Gehstock – das ist nur ein Trick?“, fragte der Zwerg.

Der Schamane lächelte mit seinem schuppigen Echsengesicht. „Alter und Weisheit werden bei uns verehrt. So ein Stock lässt einen gleich viel älter wirken – und wenn man damit langsam geht, hat man viel mehr Zeit, sich eine Antwort zu überlegen, die weise klingt.“

Kram lachte. „Ich würde ja sagen, dass ich es später mal genauso mache, aber mir wird eh niemals jemand abnehmen, dass ich weise bin. Ganz egal, wie alt ich werde.“

„Und wieso haben Sie uns befreit?“, fragt Thorn.

„Welchen Sinn hat es, euch gefangen zu halten? Welchen Sinn hat diese ganze Kämpferei? Andor ist groß genug für uns alle. Wir sind so einen weiten Weg marschiert, nur um euch anzugreifen. Warum?“

„Und Sie meinen, dass Sie so den Konflikt zwischen Skralen und Andori beenden können?“, wollte Aćh wissen, während sie Turr behutsam über den Kükenkopf strich.

„Nicht sofort, mein Kind“, antwortete der alte Schamane. „Vielleicht nicht einmal zu meinen Lebzeiten. Aber je mehr Freundschaften es zwischen unseren Völkern gibt, umso weniger Leute werden es für sinnvoll halten, aufeinander einzuschlagen. Und irgendwann können wir dann vielleicht wirklich in Frieden miteinander leben."

„Das wäre schön", meinte Thorn. „Aber im Moment greift gerade eine Skral-Horde die Rietburg an. Und wir müssen helfen, unser Zuhause zu verteidigen!"

„Dann auf, auf!", rief der Schamane. „Tut eure Pflicht und helft euren Freunden! Und nehmt nicht den großen Weg – dort stehen sicher noch ein paar Wachen!"

„Vielen Dank, Herr Schamane", sagte Aćh. „Und ich hoffe, dass wir uns einmal in Friedenszeiten wiedersehen."

„Das hoffe ich auch", antwortete der Skral. „Sehr sogar."

Das Licht des Mondes machte es den Kindern leicht, sich zu orientieren. Sie hielten sich an den Rat des Schamanen und blieben fern vom Hauptweg. Nach ein paar Minuten raschelte es neben ihnen im hohen Gras und ein vierbeiniges Wesen sprang hervor und warf sich mit aller Kraft gegen Kram!

Es war Merla, die überglücklich war, Kram wiederzusehen.

„Hey!", rief der Zwerg erfreut. „Hast du hier auf uns gewartet? Wo sind denn die anderen?"

Er hatte die Frage kaum gestellt, da huschten Lonas und Rutan bereits aus dem Gebüsch und rannten um Thorns und Aćhs Beine herum.

„Vorsicht!“, mahnte Thorn lachend. „Wir dürfen nicht stolpern!“

„Hoffentlich bekommen die anderen den Plan auch ohne uns hin!“, sorgte sich Kram.

„Das schaffen die bestimmt“, antwortete Thorn. „Da vertraue ich Eara, Chada und Forn komplett.“

„Und hoffentlich kommen *wir* noch rechtzeitig dazu, um ein bisschen was davon zu sehen“, fuhr Kram fort. „Denn es dürfte sehr lustig werden, wenn alles klappt.“

„Schau mal da!“, rief Thorn plötzlich und deutete auf einen Lichtschein am Horizont. „Weißt du, was das ist?“

„Der Sonnenaufgang ist es noch nicht, oder?“, meinte Kram etwas ratlos.

„Nein“, antwortete Thorn. „Viel besser. Es ist unsere Rettung!“

Die Verteidigung der Burg

Auf der Burg hatten Chada, Eara und Forn inzwischen noch mehr Hilfe organisiert. Fast alle Wachfrauen und Wachmänner hatten mitgeholfen, zwei große Bottiche aus der Werkstatt zu holen und auf die Westmauer zu schaffen.

Jetzt standen die drei dort in der Finsternis und horchten.

„Da sind Schritte!", flüsterte Chada. „Ganz viele. Und Atmen ist da auch zu hören."

Eara lauschte, und jetzt hörte sie es auch. Es klang so, als pirsche sich eine große Gruppe möglichst leise heran. Das mussten die Skrale sein!

„Wir müssen warten, bis die ersten direkt an der Mauer sind", mahnte Eara die anderen. „Wir dürfen nicht zu früh loslegen."

Die Zeit schien sich ewig zu ziehen. Es war ein bisschen gruselig, dass die Skrale so nah waren und sie trotzdem nichts unternahmen. Aber das Abwarten gehörte zu ihrem Plan.

Dann plötzlich ertönte ein lautes Klackern, als eine große Leiter von außen an die Burgmauer gelehnt wurde! Schon begannen die ersten Skrale, daran hochzuklettern.

„Manus? Jetzt!", rief Eara.

Der Wächter gab einen kurzen Befehl, und schon wuchteten seine Leute den großen Bottich mit dem Leim, den Chada und

Thorn angerührt hatten, zu den Zinnen. Dann kippten sie das ganze klebrige und eklig stinkende Zeug direkt auf die herandrängenden Skrale. Völlig überrumpelt fielen die Angreifer von der Leiter, stolperten und rollten übereinander und begannen, aneinander festzukleben.

„Es klappt!", jubelte Forn. „Es klappt!"

„Dann geben wir ihnen doch gleich noch den Nachtisch!", rief Chada.

Zusammen mit Forn und Eara hob sie den zweiten großen Bottich an. In ihm befanden sich noch mehr stinkende Abfälle von der gleichen Sorte, aus der auch der Leim hergestellt worden war. Sie schleppten auch diese Wanne bis an den Rand der Mauer und kippten den Inhalt nach unten auf die Skral-Horde.

Der stinkende Müll heftete sich sofort an die leimverschmierten Leiber der Angreifer. Eara sah, wie ein besonders wild aussehender Skral verzweifelt versuchte, sich den Müll vom Leib zu kratzen, doch der Leim hielt zu fest. Zwei andere Skrale klebten so aneinander, dass der Ellenbogen des einen am Knie des anderen hing. Sie versuchten wegzulaufen, doch immer wenn der eine einen Schritt machen wollte, fiel der andere hin.

Kurz: Die Angreifer waren überrumpelt, verklebt und stanken ganz furchtbar! Und damit war ihnen zumindest für den Moment die Lust am Kämpfen vergangen.

„Das sollte uns ein bisschen Zeit verschaffen, bis der König zurück ist", hoffte Chada.

„Ich bin mir da nicht so sicher." Eara deutete auf eine Person in einem langen Mantel, die etwas abseits des Geschehens stand. Der Mann malte mit einem Stock einen Kreis in den Sand. „Das ist Varkur! Und ich glaube, er bereitet ein magisches Ritual vor."

„Das müssen wir verhindern!", rief Chada.

„Das können wir nicht", sagte Eara niedergeschlagen. „Varkur ist ein mächtiger Magier. Gegen den komme ich mit meinen Kräften nicht an."

Doch einen Moment später schallte ein lautes Trompetensignal durch die Nacht. Den Kindern fiel ein Stein vom Herzen.

„Das ist König Brandur!", jubelte Manus. Er zeigte in die Richtung, aus der die Klänge gekommen waren, und tatsächlich sah Eara dort bunte Banner flattern!

Auch der Magier am Fuß der Mauern hörte die Trompeten. Er warf den Stock fluchend beiseite und wandte sich an den Skral-Anführer. „Wir müssen uns zurückziehen!"

Der Skral deutete wütend auf seine Horde, die stinkend und verklebt durch die Nacht stolperte. „Wir ziehen uns schon zurück, Magier! Zumindest versuchen wir es! Und glaubt mir, ich habe nicht vergessen, wem wir diese Schande zu verdanken haben!" Bei diesen Worten sah er Varkur böse an.

Der Magier schluckte. Dann erklärte er knapp: „Auf Eure müden Krieger kann ich leider nicht warten.“ Mit diesen Worten eilte Varkur allein davon.

Der Skral schüttelte eine Faust und rief ihm nach: „Das letzte Wort zwischen uns ist noch nicht gesprochen, Magier! Noch lange nicht!“ Dann wandte er sich wieder seinen Leuten zu und schnarrte Befehle in der Sprache der Skrale, um den Rückzug zu organisieren.

Schon näherte sich die Spitze von Brandurs Heereszug der Burg. Chada kniff die Augen zusammen, dann lachte sie und deutete auf das Pferd des Königs. „Schaut mal, wer da alles bei Brandur sitzt!“

Tatsächlich hatten Thorn, Kram und Aćh es irgendwie geschafft, sich vor und hinter den König zu quetschen. Dem Pferd schien es nichts auszumachen und der König wirkte ziemlich belustigt.

Kram sah Forn und die Mädchen auf der Burgmauer und winkte ihnen zu. „Der Herr König war so nett, uns das letzte Stück mitzunehmen!“, rief er.

„Sie fliehen!“, rief plötzlich Thorald von irgendwo hinter ihnen. Der Prinz war nun auch auf die Mauer gekommen und deutete auf die Skrale, die versuchten, sich so schnell wie möglich in Sicherheit zu bringen. „Wir haben gewonnen!"

„Die Kinder haben gewonnen", donnerte die Stimme König Brandurs durch die Nacht. „Dein Anteil daran war nach allem, was ich gehört habe, eher gering."

Thorald sah verärgert zu seinem Vater, sagte aber nichts.

Die Kinder hingegen wandten sich an den König. Thorn sagte: „Der Skral-Schamane meinte, dass es irgendwann Frieden zwischen uns und den Skralen geben könnte. Glaubt ihr das auch?"

Der König seufzte. „Schön wäre es. Aber Frieden kann es nur geben, wenn beide Seiten ihn wollen. Und noch sehe ich das bei den Skralen nicht."

„Doch, Herr König", widersprach Kram. „Bei *einem* Skral zumindest sehe ich das."

Forn stand allein oben auf der Mauer, als hinter ihm eine Gestalt auf die Brüstung kletterte. Es war eine Frau in einem langen, dunklen Kapuzenumhang. „Mein Junge!", rief sie. „Du bist es wirklich!"

Forn drehte sich überrascht um. „Reka!", entfuhr es ihm.

Die Kräuterhexe öffnete weit ihre Arme. Forn stiegen Tränen in die Augen. Er lief zu ihr und sie schloss ihn in ihre Arme.

„Ich habe so gehofft, dass du eines Tages wiederkommen würdest", sagte sie leise.

Am Horizont verschwanden die letzten Reste der Skral-Horde. Von weit her ertönte der grausige Ruf ihres Anführers. Wie ein böser Schrei schallte er durch die Nacht.

Forn schüttelte sich, als er ihn hörte.

„Was hat er gesagt?", wollte Reka wissen.

„Dass ich kein richtiger Skral sei", sagte Forn, ohne seine Umarmung zu lösen. „Aber das macht nichts. Ich will gar kein richtiger Skral sein."

Ein neuer Morgen

Reka verabschiedete sich noch am selben Tag wieder von den Kindern und verschwand in Richtung Narne. Die Kinder standen am Burgtor und sahen der geheimnisvollen Kräuterhexe nach.

„Ich kann immer noch nicht glauben, dass es sie wirklich gibt“, murmelte Eara. „Ich dachte immer, Reka sei nur eine Legende.“

„Meint ihr, dass wir sie noch mal wiedersehen?“, fragte Thorn.

„Keine Ahnung“, gab Chada zu. „Aber irgendwie glaube ich es schon.“

„Ganz bestimmt sogar!“, sagte Forn überzeugt. „Das hat sie mir fest versprochen!“

Am nächsten Tag bat der König alle sechs Kinder zu sich in den Thronsaal. Prinz Thorald saß wieder neben Brandur auf einem Stuhl und schaute sehr missmutig, als Manus die Gruppe zusammen mit den Wolfswelpen und dem kleinen Takuri in den Raum führte. Auf der anderen Seite Brandurs stand Aćhs Mutter, die deutlich wohlwollender zu den Kindern sah.

„Ihr wart wieder einmal klüger und wachsamer als die Erwachsenen um euch herum“, lobte der König. „Selbst klüger als

mein eigener Sohn. Und ihr habt euch nicht gescheut, dafür zu sorgen, dass das Richtige getan wird.“

Der Prinz verzog das Gesicht, sagte aber nichts.

König Brandur wandte sich an den Wächter. „Auch du hast

Großes geleistet, Manus! Als mein Sohn vor lauter Überforderung falsche Befehle gab, warst du klug genug, das Richtige zu tun. Ich befördere dich daher zum persönlichen Lehrer meines Sohns Thorald!"

Der Prinz sprang auf, als er das hörte. „Persönlicher Lehrer?! Was soll ich denn bitte schön von einem Wachmann lernen?!"

„Eine ganze Menge, wie es aussieht", erwiderte der König und gab Thorald ein Zeichen, sich wieder hinzusetzen. Er zwinkerte Manus zu. „Wenn mein Sohn Widerworte geben sollte, dann lasst es mich wissen."

Der Prinz schaute noch finsterer als zuvor und sah aus, als wäre er am liebsten ganz weit weg.

„Eara, Chada, Thorn und Kram", sprach der König die Kinder an, „ich sehe, dass eure Ausbildung große Früchte getragen hat. Ihr werdet sie natürlich fortsetzen."

Die vier nickten zufrieden.

Der König sah zu Forn. „Auch du hast große Tapferkeit bewiesen", sagte er zu dem jungen Skral. „Von Reka weiß ich, dass du gern hierbleiben würdest. Hiermit verspreche ich dir meinen persönlichen Schutz."

Forn sah den König dankbar an. „Vielen Dank, Majestät. Das bedeutet mir sehr viel."

„Was möchtest du nun tun?", fragte der König. „Willst du dich den anderen in ihrer Ausbildung anschließen?"

„Au ja!“, rief Kram. „Mach das!“ Auch die anderen sahen begeistert zu dem Skral-Jungen.

Forn schüttelte den Kopf. „Ich weiß noch nicht, was ich möchte. Wenn es Eurer Majestät recht ist, werde ich mich erst einmal im Dorf umsehen, ob ich dort etwas finde, was zu mir passt.“

„Auf jeden Fall“, erwiderte der König. „Gut ist man nur in dem, was man gern tut.“

Jetzt räusperte sich Aćhs Mutter. Sie sah zum König. Der nickte ihr zu und sie begann zu sprechen: „Es gibt da auch noch etwas, was ich euch mitteilen möchte. Der König und ich sind übereingekommen, dass ich bis auf Weiteres als Abgesandte Tulgors auf der Rietburg bleibe.“ Sie schaute zu ihrer Tochter. „Aber natürlich nur, wenn dir das recht ist und du auch hierbleiben willst.“

Aćh lachte überrascht auf. „Klar will ich das!“, rief sie. Doch dann wurde ihr Gesicht wieder ernst. „Und, Mama … was ist jetzt mit Turr?“

Die Abgesandte schwieg einen Moment. „Die Traditionen von Tulgor sagen, dass zum Trainieren und Führen eines Takuri außergewöhnliche Fähigkeiten nötig sind, die man durch eine lange und harte Ausbildung erwerben muss. Ein Takuri-Hüter zu sein ist eine große Ehre.“

Aćh sah enttäuscht zu Boden. Aber ihre Mutter fuhr fort: „Du, Aćh, hast aber mit deinen Handlungen gezeigt, dass du diese Fähigkeiten längst besitzt. Deswegen glaube ich, du solltest den Takuri weiter trainieren."

Aćh lachte glücklich auf, lief zu ihrer Mutter hinüber und umarmte sie. „Ich darf Turr behalten? Das ist ja super! Ich bin eine Takuri-Hüterin!"

Der König lächelte. „Und natürlich bist auch du willkommen, mit den anderen Kindern zu lernen und zu trainieren."

Aćh wiegte den Kopf hin und her und tat so, als müsse sie überlegen. Dann grinste sie die anderen an. „Eigentlich bleibt mir ja gar keine andere Wahl. Ohne Turrs und meine Hilfe bekommt ihr doch eh nichts auf die Reihe."

Kram lachte. „Ach Aćh, ach Aćh! Das glaubst du doch nicht wirklich, oder?"

Auch Aćh lachte nur. „Nö. Aber ich bleib trotzdem gern bei euch!"

Chada runzelte die Stirn. „‚Ach Aćh'?", wiederholte sie. „Machst du jetzt echt wieder Namenswitze, Kram?"

„Gefällt dir das nicht?", antwortete der Zwerg. „Schade, Chada."

„Autsch!", stöhnte Thorn. „Der tat ja schon fast weh."

„Du hast recht", stimmte Kram zu. „So benimmt man sich nicht vor dem Thron, Thorn. Ich geh lieber nach vorn zu Hinten … ach, nee: nach hinten zu Forn."

„Hör auf, Kram! Es reicht!", rief Eara glucksend. Ihr standen bereits Lachtränen in den Augen.

Kram überlegte kurz. „Stimmt“, sagte er dann. „Zu Eara fällt mir nämlich beim besten Willen kein Kalauer ein. Blöd eigentlich.“

König Brandur klatschte in die Hände. „Los jetzt, ihr Rabauken. Raus mit euch, bevor Kram hier noch irgendetwas sagt, was man für eine Majestätsbeleidigung halten könnte.“

„Aber Herr König, das würde ich doch nie wagen!“, erwiderte Kram lachend. Dann rannte er zusammen mit den anderen nach draußen. Die Sonne schien auf den Hof der Rietburg, und alles deutete darauf hin, dass dies ein wunderbarer Tag werden würde.

Leseprobe

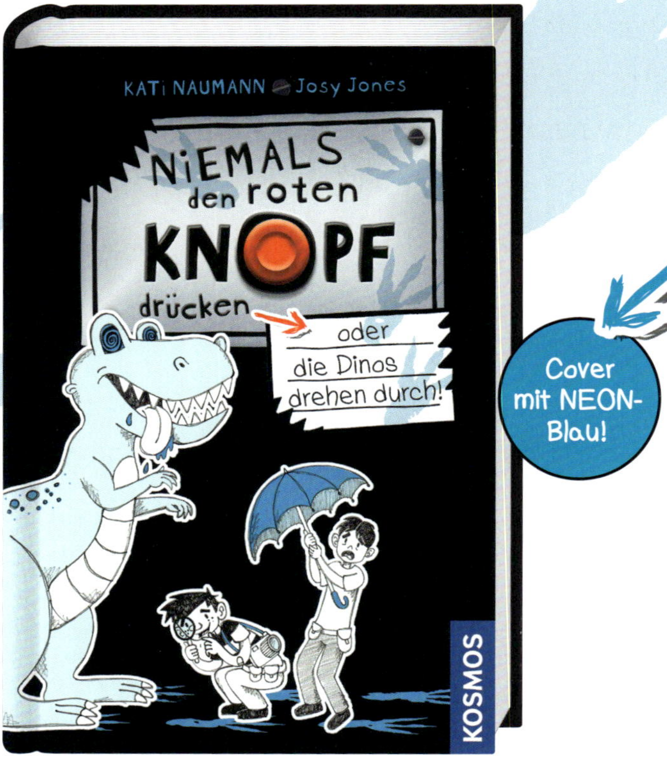

160 Seiten, €/D 12,– Preisänderung vorbehalten
ISBN 978-3-440-16799-1

Ich bin Egon und das ist mein Forscher-Tagebuch. Hier darf nur reingucken, wer Forscher ist. Oder wer einer werden will. Aber sonst keiner ...
Diesmal tauchen seltsame Tierspuren im Wald auf. Und Blöd-Ben will einen echten Saurier gesehen haben. Ob das stimmen kann? Egon und Jojo bauen jedenfalls eine Dino-Falle und stolpern wieder von einer Katastrophe in die nächste. Lustiges Chaos garantiert!

Lies doch mal rein!

kosmos.de/roter-knopf

Gestern Nacht war vielleicht was los in Düsedau! Dabei fing der Abend richtig gemütlich an. Weil wir so im Dinofieber waren, wollte Opa Werner mit uns einen Godzilla-Film ansehen. Er hat Frau Hase gesagt, dass er uns einen alten Filmklassiker zeigt. Da hat sie es erlaubt.

Es war wirklich ein ganz alter Schwarz-Weiß-Film und Godzilla ist eine monstermäßig große Riesensaurierechse. Die hat in dem Film Hochhäuser geknuspert wie Jojo und ich Kohlrabichips. Man konnte aber ganz deutlich sehen, dass dieser Godzilla nicht echt war. Er hat immer ziemlich dumm in die Kamera geglotzt und schrecklich gebrüllt. Das fand ich lustig, und außer Jojo hat sich keiner gefürchtet.

Nach dem Film haben wir noch die Mäuse gefüttert und sind dann ins Bett gegangen. Ich bin ganz schnell eingeschlafen, aber plötzlich hat mich ein Klopfen geweckt. Es kam natürlich von oben.

··· ––– ···

Wenn Jojo SOS klopft, dann fürchtet er sich vor dem Weltuntergang oder dem Angriff einer Riesenechse. Ich wollte ihm gern antworten: *Mach dir keine Sorgen, Kumpel, alles wird gut. Wir werden was erfinden, womit wir die Welt retten!*

Leider kann man mit Morsezeichen keine Romane klopfen. Deswegen hab ich die Sache ein bisschen abgekürzt und mit dem Besenstiel und an die Decke gepocht: ––– –·–

Ich dachte, Jojo wird das schon verstehen.

Danach hat Jojo ziemlich hektisch geklopft:

–·– ·–·· ––– –·

Und ich hab, um ihn zu beruhigen, geantwortet:

– ––– –

Stimmt ja auch, schließlich muss der Dinoklon gestorben sein, sonst hätten wir seinen Knochen nicht finden können.

Nun hat es oben ein bisschen gepoltert und ich dachte, Jojo ist vielleicht vor lauter Angst umgefallen. Also bin ich zum Fenster und hab nach oben geguckt. Da kam an unserer Seilbahn ein Zettel runtergewackelt. Darauf stand:

Ich glaube, für so schwierige Probleme wie das Klonen von Dinos sind Morsezeichen nicht geeignet.
Plötzlich waren draußen überall Sirenen zu hören, und wir haben Blaulicht blitzen sehen.
„Da ist was passiert!“, hat Jojo geschrien und ganz vergessen, dass wir nachts leise sein müssen. Sonst merken ja alle, dass wir noch wach sind.
„Wird schon nicht so schlimm sein“, hab ich nach oben geflüstert.
„Und wenn doch?“ Jojo war ganz aufgeregt, und ich konnte oben sein Jo-Jo durch die Luft sausen hören.
„Vielleicht zertrampelt grad ein geklonter Dino ganz Düsedau!“

Ich dachte, dass Jojo vielleicht recht hat. Denn wer *einen* Saurier klont, der klont bestimmt auch zwei oder drei. Vielleicht bekämpften die sich nun gegenseitig? Und wir hatten den Knochen vom Verlierer gefunden! Das konnte ich Jojo natürlich nicht sagen. Dabei erzähle ich Jojo eigentlich immer alles. Bloß nicht, wenn Düsedau von Dinosauriern angegriffen wird. Sonst kann er nie wieder schlafen.
Wieder düste eine Sirene vorbei, und plötzlich hat es geklappert. Ein anderes Fenster ist oben aufgegangen, und Frau Hase hat ihren Kopf rausgehängt. Erst wusste ich nicht, wer das ist, weil sie Lockenwickler drinhatte und wie ein Marsmännchen aussah. Aber dann hab ich sie an der Stimme erkannt. „Egon! Du sollst doch meinen Jungen nicht immer wach halten!"
Dann hörten wir noch mehr Sirenen von allen Seiten. Nun wurden in unserem Haus sämtliche Fenster aufgemacht und überall guckte jemand raus. Papa hat gefragt: „Was ist denn los?", und Frau Hase hat einen langen Vortrag über Zugluft gehalten: „Was da alles passieren kann! Muskelzerrung, Bindehautentzündung, Haarausfall, Schnupfen, Husten, Heiserkeit, Kopfschmerzen und Ohrensausen!"
Deswegen sind wir alle wieder rein und haben uns in

unserer Küche getroffen. Nur Herr Hase hatte keine Lust, weil er immer so früh rausmuss. Papa hat die Minna angestellt, und Mama hat Tee gemacht. Alle haben rumgerätselt, was in Düsedau passiert ist.
Wir wussten es natürlich ganz genau. „Das ist ja wohl klar!", hab ich gerufen.
Jojo hatte vor lauter Aufregung rote Flecken im Gesicht. „Ich sage nur: Dinosaurier!"
„Wie bitte?", hat Frau Hase gefragt.

„Wir haben einen Saurierknochen gefunden!“, wollte ich erklären.
Und Jojo hat gerufen: „Die geklonten Saurier greifen Düsedau an! Wie Godzilla!“
„Herr Schulze!“, hat Jojos Mama streng gesagt. „Haben die Jungs bei Ihnen etwa einen Katastrophenfilm geguckt?“
Nun haben alle mit Opa Werner geschimpft, bis mein Papa gesagt hat, wir sollen ruhig sein. Er wollte nämlich hören, was die Minna zu sagen hatte. Die brachte gerade eine Sondermeldung:

„Das ist ja ein Ding!“, hat Frieda gerufen. „Bankräuber in Düsedau!“
Wir waren alle ganz aufgeregt, und die Minna hat weiter berichtet: „Es wird vermutet, dass die Räuber Düsedau noch nicht verlassen haben. Alle Bürger sind zur Vorsicht aufgerufen. Es könnte sich um gefährliche Verbrecher handeln.“
„Gefährliche Verbrecher!“ Jojo hat sein Jo-Jo rausgeholt und es surren lassen. „Hoffentlich begegnen wir denen nicht im Düsewäldchen!“
Frau Hase hat natürlich gleich verboten, dass wir im Wald rumstromern, solange die Räuber nicht gefasst sind. Ich bin richtig sauer auf die Ganoven geworden, weil sie uns die Dinoknochensuche vermasselt hatten. Papa hat darauf bestanden, dass wir nach der Schule sofort nach Hause kommen. Und wir dürfen auch nicht allein, sondern nur zusammen mit Frieda gehen. Wir haben natürlich gleich protestiert. Erstens hat Frieda länger Schule und zweitens ist der Heimweg mit Frieda ätzend. Sie behauptet nämlich immer, dass wir bummeln. Wir haben Opa Werner angebettelt, damit er uns hilft. Aber er hat seine Fliegerbrille runtergezogen, dass wir seine Augen nicht mehr sehen konnten. Da wussten wir, die Sache ist ernst.

DIE FANTASTISCHE ANDOR WELT ALS BUCH

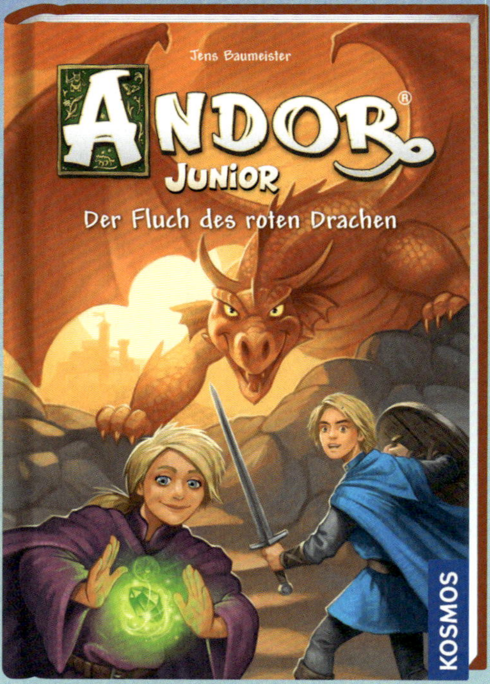

Der Fluch des roten Drachen
ISBN 978-3-440-17142-4

König Brandur ruft die Kämpfer des Landes zur Rietburg, denn im Grauen Gebirge wütet der Drache Tarok. Die Kämpfer müssen sich darauf vorbereiten, Andor zu verteidigen. Durch Zufall finden die Freunde Thorn, Eara, Chada und Kram heraus, wer hinter dem Angriff des Drachen steckt. Können sie ihn aufhalten, bevor es zu spät ist?

Weiter und weiter brachte sie der wilde Ritt. Als Lonas aus dem Gebirge hinaus in den Fluss Narne schwamm, wich das Dunkel des Wassertunnels dem Licht der Abendsonne.
Die Kinder jubelten. „Weiter so! Du schaffst das, Lonas!"
Lonas schwamm, aber seine Schwimmzüge wurden immer langsamer.
Noch immer wurden sie vom Kraken Irlok verfolgt. Das Tageslicht hatte ihn einen Moment irritiert, aber sein Interesse an den Kindern war wohl größer als das an der ungewohnten Umgebung.
Thorn spähte nach vorn. „Seht ihr den Drachen irgendwo? Hoffentlich ist er nicht schon bis zur Rietburg gekommen."
„Das muss klappen. Das muss einfach klappen", wiederholte Eara angespannt. „Das ist die einzige Chance, die wir haben."
„Da!", rief Kram plötzlich. „Seht ihr das? Das sieht aus wie Feuerschein."
Tatsächlich: Am Horizont vor ihnen färbte sich der Himmel rot und Rauchwolken stiegen auf.
„Das muss Tarok sein", erklärte Eara. „Sein Feueratem muss die Büsche am Fluss in Brand gesetzt haben."
„Du machst das gut, Lonas!", munterte Thorn den Riesenwelpen auf. „Gleich hast du es geschafft."
… aber es klang sehr, sehr müde. Doch er gab …

kosmos.de/andor-junior

UND SPIEL ENTDECKEN

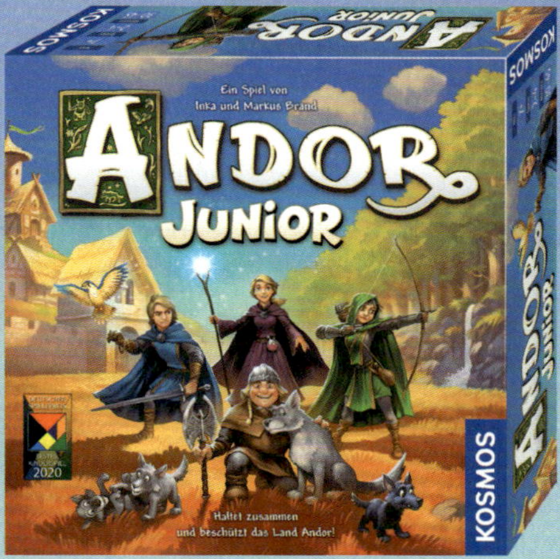

In der Rolle von Magierin, Zwerg, Krieger und Bogenschützin löst ihr gemeinsam viele Aufgaben, kämpft gegen Gors und rettet Verbündete. Gewinnen könnt ihr nur, wenn ihr Hand in Hand arbeitet und kluge Entscheidungen trefft, bevor der Drache die Rietburg erreicht.

Abenteuerspiel mit einfachen Regeln und kindgerechtem Spielmechanismus für die ganze Familie. Für 2-4 Spieler und Spielerinnen, ab 7 Jahren

Art.-Nr.: 69895

In der Erweiterung für Andor Junior beschützen die Spieler und Spielerinnen die Einwohner Andors vor einem gefährlichen Wardrak. Dafür stellen sie sich neuen Aufgaben und spannenden Kämpfen. Großer Spielspaß mit einem neuen Helden in der magischen Welt Andors!

Art.-Nr.: 68308

ANDOR® JUNIOR

Thorn ist in der Nähe der Rietburg aufgewachsen. Er träumt davon, eines Tages ein tapferer Krieger zu werden und das Land Andor zu beschützen. Bis dahin übt Thorn mit seinem Holzschwert für den großen Tag.

Chada ist als Waisenkind im Wachsamen Wald bei den Bewahrern aufgewachsen. Die Bewahrer sammeln Wissen und schreiben die Geschichte von Andor auf. Die Bogenschützin Chada erlebt die Abenteuer jedoch lieber selbst, als nur von ihnen zu hören.